T0316905

L'enfance en conception(s)

Comment les industries culturelles s'adressent-elles aux enfants ?

P.I.E. Peter Lang

Bruxelles · Bern · Berlin · New York · Oxford · Wien

ICCA

INDUSTRIES CULTURELLES, CRÉATION, NUMÉRIQUE

sous la direction de Bertrand Legendre et François Moreau

Sous l'égide du LABoratoire d'EXcellence ICCA (Industries Culturelles et Création Artistique), cette collection réunit les résultats de recherches consacrées aux différentes industries culturelles, traditionnelles comme le cinéma, la télévision, la musique ou l'édition, ou plus récentes comme la vidéo ou le jeu vidéo. Elle privilégie une perspective interdisciplinaire pour étudier les dispositifs de médiation et de promotion, les pratiques de consommation et les mutations induites par des mouvements de fond comme la mondialisation ou la numérisation, qui bouleversent aussi bien les processus de création des contenus que les modes de financement et de distribution de la production.

Gilles Brougère et Sébastien François (dir.)

L'enfance en conception(s)

Comment les industries culturelles s'adressent-elles aux enfants ?

ICCA – Industries culturelles, création, numérique
Vol. 4

Avec le soutien du Labex ICCA.

Réalisation de la couverture : Geneviève Chaudoye.

Cette publication a fait l'objet d'une évaluation par les pairs.

Éditions scientifiques internationales
Brussels, 2018
1 avenue Maurice, B-1050 Brussels, Belgium
brussels@peterlang.com ; www.peterlang.com

ISSN 2506-8741
ISBN 978-2-8076-0808-5
ePDF 978-2-8076-0809-2
ePub 978-2-8076-0810-8
Mobi 978-2-8076-0811-5
DOI 10.3726/b14122
D/2018/5678/44

Imprimé en Allemagne

Information bibliographique publiée par « Die Deutsche Bibliothek »

« Die Deutsche Bibliothek » répertorie cette publication dans la « Deutsche Nationalbibliografie » ; les données bibliographiques détaillées sont disponibles sur le site <http://dnb.ddb.de>.

Sommaire

Introduction

Gilles Brougère et Sébastien François

Experice, Université Paris 13-Sorbonne Paris Cité

Cet ouvrage explore une question encore peu traitée au sein des sciences sociales, la conception de produits culturels (livres, bandes dessinées, dessins animés, applications, presse numérique) destinés aux enfants. Elle s'inscrit dans le prolongement de ces recherches, en nombre croissant, qui ont porté ces dernières années sur la culture matérielle des enfants et les modalités de consommation, en particulier des médias. On peut évoquer en France les études concernant les pratiques culturelles des enfants et adolescents, en particulier dans le cadre de la sociologie de l'enfance.

Il existait en effet un manque criant de données à la fois quantitatives et qualitatives que certains chercheurs et institutions publiques (en particulier le Département des études de la prospective et des statistiques du ministère de la Culture) ont progressivement tenté de combler, comme en témoignent plusieurs publications récentes (Octobre *et al.*, 2010 ; Octobre, 2010 ; Octobre et Sirota, 2013). Il fallait pour cela lever un certain nombre de barrières empiriques et théoriques pour approcher les enfants les plus jeunes, longtemps grands « oubliés » des enquêtes (Détrez, 2014, p. 155-160), entreprise à laquelle ont contribué, entre autres, plusieurs chercheurs et chercheuses du laboratoire CERLIS (Université Paris Descartes), en travaillant sur la socialisation culturelle des enfants (Singly, 2006 ; Court et Henri-Panabière, 2012) et en réfléchissant à la définition et aux spécificités d'une sociologie ayant pour objet l'enfance et les enfants (Sirota, 2006 ; Sirota, 2012). De son côté, le centre de recherche Experice (Université Paris 13) a développé des travaux sur la culture matérielle des enfants, tout d'abord sur le jouet (Brougère, 2003), l'histoire des produits destinés aux enfants (Manson, 1997 ; 2001, 2012, 2017) et la circulation transmédiatique (Brougère, 2008) ; plus récemment, cette problématique, qui permet à son tour de questionner les définitions sociales de l'enfance et notamment les catégories d'âge

(Garnier, 2012, 2013) a été élargie vers de nouveaux objets dans le cadre de recherches financées par l'Agence nationale de la recherche (ANR) avec une recherche collective sur les aliments destinés aux enfants (Brougère et La Ville, 2011), puis une autre interrogeant ce qu'est un bien de l'enfant. Celui-ci a été approché aussi bien à travers un regard historique, socio-anthropologique ou issu des sciences de la gestion, en prenant en compte la dimension marketing et la commercialisation ce qui a permis l'étude de produits culturels contrastés et de leur inscription dans le quotidien des enfants (Brougère et Dauphragne, 2017).

Cette dernière recherche a permis de mettre en évidence une boite noire, celle de la conception des produits pour les enfants. Celle-ci est marquée par une caractéristique nettement moins présente dans la conception d'autres produits, à savoir le décalage entre le concepteur et le destinataire, le fait d'anticiper et de (faire) fabriquer un produit pour un consommateur qui ne peut être soi-même, de concevoir pour un enfant que l'on a été mais que l'on n'est plus. Comment ce destinataire est-il pris en compte, représenté, imaginé, impliqué, mobilisé ? Une telle réflexion est à la rencontre des questions traitées par la sociologie de l'enfance et celles liées à la conception, rencontre largement absente de la littérature ; même du côté de la sociologie économique et en particulier de la sociologie de la consommation où les enfants sont de plus en plus pris en compte (La Ville, 2005 ; Buckingham et Tingstad, 2010 ; Buckingham, 2011 ; Sjoberg *et al.*, 2012), le versant de la conception est souvent mis entre parenthèses, tandis que dans la réflexion sur les industries culturelles, la prise en compte des spécificités des produits conçus pour les enfants est largement absente.

Pourtant, la production des biens culturels pour les enfants semble un objet idéal pour la sociologie de l'enfance, puisque les professionnels y mobilisent nécessairement des définitions sociales de l'enfance (Chamboredon et Fabiani, 1977 ; James *et al.*, 1998 ; Sirota, 2006), les confrontent, voire les reconstruisent au fil des choix qui aboutiront au produit final. Il est donc essentiel de mieux comprendre, dans cette optique, les processus de conception, souvent différents selon les industries culturelles concernées, et comment y circulent les représentations sur l'enfance et les enfants, qui peuvent relever autant de savoirs informés que d'expériences personnelles ou d'aprioris. L'approche des processus de conception développée ici n'ignore donc pas les travaux déjà réalisés par la sociologie du travail (Jeantet, 1998 ; Rot et de Verdalle, 2013), les *production studies* (Hesmondhalgh, 2005, 2013 ; Mayer *et al.*, 2009) ou encore la sociologie de l'innovation (Veyrat *et al.*, 2007 ; Trompette et Blanco, 2009), pour penser la constitution et la circulation de ces représentations, qui passent par des opérations d'explicitation et de traduction, à l'image des savoirs établis scientifiquement sur le développement de l'enfant qui peuvent intervenir, mais à travers le prisme de vulgarisation, de réinterprétation, etc. Par ailleurs, mettre l'accent sur la production des produits pour enfants permet plus généralement de remettre en perspective les cultures enfantines dont l'ancrage sur certains objets et médias populaires (Brougère, 2008 ; Marsh et Bishop, 2014) ne tombe pas du ciel : il est aussi anticipé par les concepteurs et conceptrices dans l'élaboration des produits et des stratégies pour leur circulation sur différents supports (Steinberg, 2012).

C'est dans ce contexte que nous avons demandé et obtenu de la part du Laboratoire d'Excellence ICCA (« Industries Culturelles et Créations Artistiques ») le financement de la recherche collective CoCirPE : conception et circulation des produits pour enfants. Cette recherche a impliqué deux laboratoires associés au LabEx ICCA et déjà très engagés, comme nous l'avons évoqué ci-dessus, quoique de façon différente, dans la réflexion sur les relations entre les enfants et les produits culturels : le CERLIS (Paris Descartes) et Experice (Paris 13).

Il s'agissait d'étudier la conception, entendue ici dans un sens large (c'est-à-dire depuis les premiers moments de création jusqu'à leur diffusion, en passant par toutes les étapes de production), des produits pour enfants, en interrogeant en particulier la place des enfants au sein des processus de conception ainsi que la question des circulations entre supports. Pour cela, différents terrains et produits ont été étudiés en fonction des opportunités offertes aux chercheurs impliqués. Certains ont fait l'objet d'une première exploration sans que la recherche ne permette d'en faire une monographie pouvant donner lieu à un chapitre de cet ouvrage. D'autres ont permis d'aboutir à des résultats de recherche qui sont présentés dans les différents chapitres, chacun analysant un produit ou un ensemble de produits.

L'ouvrage est centré sur la question de l'adressage aux enfants. Par ce terme, nous entendons la façon dont un produit, dès sa conception, prend en compte son destinataire que cela soit de façon organisée et rationnelle ou intuitive voire fantasmée, ou pour le dire autrement la façon dont le concepteur, créateur/auteur/designer (selon le type de produit), prend en compte le destinataire enfant dans la façon dont il conçoit le produit, dont il le dessine, dont il imagine sa réception, sa consommation, son usage. À partir de quelles ressources et de quelles pratiques ces destinataires sont-ils pris en compte ? Comment sont-ils pensés ? Des enfants réels participent-ils à la conception et dans quelle mesure ?

Différentes démarches, complémentaires, ont été convoquées, toutes n'étant pas applicables sur chacun des terrains, chaque cas offrant des opportunités mais aussi des impossibilités quant à la mise en œuvre de méthodes pour comprendre la conception de l'intérieur, ne serait-ce parce que les enquêtes pouvaient intervenir à différents stades de la vie des produits. Ceux-ci ont été analysés pour saisir la trace du destinataire : des observations du travail de conception ont été menées quand elles étaient possibles, ainsi que la participation à des réunions ou à des événements en lien avec la conception (telle une séance de test) ; l'analyse de traces du travail de conception montrant les différentes étapes d'une démarche a été faite quand cela était possible ; enfin, des entretiens ont été organisés avec les personnes qui interviennent, directement ou indirectement, dans la conception. En revanche, nous avons ici exclu toute analyse de la réception des produits étudiés.

Les données recueillies ont fait émerger plusieurs questions dont rend compte cet ouvrage, renvoyant aux représentations mobilisées autour de l'enfant ou des enfants, des savoirs établis sur l'enfance, présents ou non, du multi-adressage et du rôle des adultes acheteurs, des parents aux éducateurs, l'enjeu éducatif étant rarement absent quand il s'agit de s'adresser aux enfants.

De façon relativement inédite, les différents cas étudiés proposent précisément de comprendre la manière dont tous ces éléments structurent la conception, s'articulent plus ou moins et affectent certains choix productifs. Il apparaît notamment que l'intégration de toutes ces représentations sur l'enfance est loin d'être parfaitement rationnelle et systématique, le processus de conception étant marqué par des temps « réflexifs » (Caldwell, 2008) tant formels qu'informels, des bricolages autour des définitions de l'enfance et bien entendu des arbitrages, en fonction d'impératifs économiques. En outre, puisque l'objectif est *in fine* que le produit soit acheté ou transmis par des adultes vers des enfants, il a été aussi important d'observer comment les modalités de l'adressage aux enfants pouvaient être perturbées par des enjeux de prescription : intégrer les attentes et représentations des parents (ou d'autres adultes visés) n'est pas sans effet sur l'équilibre des définitions sociales de l'enfance en présence.

Si tous les produits ne s'accompagnent pas d'une figure d'auteur qui concentrerait et stabiliserait les intentions vis-à-vis des enfants, on peut se demander dans le cas où une telle figure émerge si l'on est auteur de façon différente quand on s'adresse aux enfants. Les enquêtes menées suggèrent en effet que le mythe romantique de la proximité entre l'enfant et le créateur, de l'« artiste-enfant », de celui qui a su rester enfant ou préserver son âme d'enfant, est loin d'avoir disparu même s'il peut être réélaboré de façons différentes. Le concepteur peut également se définir comme parent en adressant ses produits à ses propres enfants ou des enfants de son entourage censés valoir pour tous les enfants.

La question de la circulation, présente dans la problématique du projet CoCirPE, mais peut-être moins centrale dans le présent ouvrage, n'en est pas absente pour autant, dans la mesure où une façon de s'adresser aux enfants consiste à reprendre une image, un personnage un univers qui fait partie du patrimoine de la culture enfantine ou qui a déjà été adressé à l'enfant. L'adaptation, la dérivation, le recyclage sont alors quelques-unes des façons de s'appuyer sur des produits préexistants pour s'adresser aux enfants avec peut-être moins de chance de se tromper en tenant compte de la réception de produits déjà diffusés ; c'est également une manière de prendre en compte avis et goûts des enfants à travers les consommations qui rencontrent le succès. Dans ce cadre, on notera l'importance des personnages qui constituent un moyen privilégié de s'adresser à l'enfant en s'appuyant sur des êtres enfants, enfantins ou paidomorphisés, c'est-à-dire auxquels on a donné une apparence enfantine. On peut également reprendre des personnages qui, sans être enfantins quant à leur apparence, sont déjà associés à une consommation enfantine et, de ce fait, devenus « enfantins » à travers leur appropriation par les destinataires. Nombre de stratégies évoquées, si ce n'est toutes, passent par le personnage construit, repris, utilisé, recyclé.

À travers ces objets, c'est l'enfance contemporaine, la manière d'être enfant qui se construit. Il y a comme une objectivation, une matérialisation de l'enfance, une façon de produire l'enfance comme environnement matériel. Les concepteurs contribuent ainsi à construire l'enfance en s'appuyant sur des ressources très hétérogènes et souvent très peu réfléchies. L'enfance d'aujourd'hui n'est-elle pas définie par les objets qui lui sont destinés ? Mais l'implication complexe des enfants, directement ou indirectement, dans la conception de ces objets conduit à penser que par leur influence sur la production puis la réception et la consommation des produits, ils participent eux aussi à cette production contemporaine de l'enfance, ou des enfances dans la mesure où elle se distribue en fonction du genre, de la culture, de l'âge, du milieu social.

Si les enquêtes n'ont pas mis systématiquement l'accent sur ces caractéristiques des enfants du fait de leur centration sur une logique de conception qui ne les prend pas toujours en compte, celles-ci réapparaissent à différentes occasions, d'abord en termes d'âge, le destinataire étant souvent d'abord défini comme appartenant à une tranche d'âge plus ou moins précise. Les questions relatives aux milieux sociaux et aux genres sont plus discrètes et mériteraient d'être traitées de façon plus approfondie, mais certains aspects (concernant le divertissement et l'éducation, le rôle des parents, etc.) y renvoient nettement. Par ailleurs, si la question de l'âge interroge les concepteurs que nous avons rencontrés, y compris parfois pour la récuser, la question du genre est moins présente dans les produits que nous avons étudiés qu'elle ne le serait dans d'autres, avec là l'idée (ou peut-être l'illusion) de pouvoir s'adresser à un enfant sans genre, ni garçon ni fille, ou aux deux sexes. Quant à la question du milieu social, souvent atténuée par les professionnels eux-mêmes, elle a été abordée de façon très latérale, car elle aurait impliqué un travail de mise en relation de la conception avec la réception des produits, ce qui dépassait le cadre des études réalisées. Cette étude collective doit dès lors être envisagée comme une première approche de la question de la conception des produits pour enfants, centrée essentiellement sur la question de l'âge, catégorie dominante dans la prise en compte des enfants. Les différents chapitres proposent ainsi des approches spécifiques – et non pas une déclinaison de ce qui serait la même approche – en fonction de l'objet étudié, mais aussi des cadres propres à chaque chercheur.

Le premier chapitre écrit par Nathalie Roucous et Véronique Soulé traite d'un des premiers objets spécifiquement destinés aux enfants avec le jouet et le bonbon (Manson, 2017) dont on pourrait penser que l'ancienneté assure une prise en compte de l'enfant comme destinataire : la littérature jeunesse, et en particulier les albums. Cependant, la dimension créative d'un tel objet littéraire, en particulier chez certains éditeurs, peut conduire à s'interroger sur la réelle prise en compte de l'enfant dans le processus éditorial. À partir d'une enquête auprès d'un éditeur emblématique de la littérature de jeunesse contemporaine, il s'agit de comprendre sous quelles formes, à travers quels dispositifs et quelles représentations, l'enfant destinataire intervient ou non dans la production d'ouvrages.

Dans le chapitre suivant, Gilles Brougère montre comment une bande dessinée muette, visant des enfants non lecteurs, prend en compte le destinataire à travers la présence d'enfants réels, d'enfants imaginés et de créateurs considérant qu'ils sont restés enfants. La dimension éducative est un moyen de viser l'enfant non sans tensions entre différentes visions de l'éducation, mais aussi entre divertissement et valeurs plus éducatives. Le développement de produits dérivés et le projet de dessin animé issu de la bande dessinée soulignent la relation forte entre la posture d'auteur et la conception de l'enfance. Il s'agit bien pour les auteurs de défendre une conception de l'enfance qu'ils estiment différente de celle portée par d'autres acteurs.

La troisième chapitre écrit par Éric Dagiral et Laurent Tessier met en évidence la place des parents dans l'adressage de la presse pour enfants, en particulier numérique, dans la stratégie du groupe Bayard : les auteurs montrent comment l'adressage à l'enfant peut être un adressage complexe, qui vise les parents ou les adultes accompagnant les enfants dans leurs relations aux produits culturels. L'acte de lecture, promu historiquement par l'éditeur, se trouve effectivement modifié par les évolutions technologiques, ce qui a conduit les concepteurs de la stratégie numérique du groupe à repenser la manière de présenter et d'accéder aux contenus.

Sébastien François s'intéresse quant à lui à la conception des applications mobiles (c'est-à-dire sur tablettes et smartphones) produites pour les enfants, parfois très jeunes. Le travail des professionnels porte en effet la trace des questions soulevées par l'arrivée récente de ces objets culturels au sein des cultures enfantines : à côté de l'adressage proprement enfantin, les adultes, prescripteurs et pourvoyeurs incontournables des applications, sont la cible de multiples stratégies, pour qu'ils en accompagnent les usages, tandis que les concepteurs cherchent aussi à donner une dimension matérielle à leurs produits numériques ainsi qu'à leur promotion.

Pascale Garnier et Sébastien François présentent ensuite un dessin animé destiné à la télévision. Ses particularités par rapport à la production dominante permettent de penser la complexité de la prise en compte des enfants dans leur diversité, tant en ce qui concerne les destinataires que les enfants représentés dans cette série historique relativement réaliste. Leur étude souligne dès lors à quel point les deux dimensions de l'enfant-personnage et de l'enfant-téléspectateur sont loin d'être indépendantes dans l'élaboration de ce dessin animé atypique.

Le dernier chapitre diffère des autres, bien qu'il les complète sous plusieurs aspects. Si elle n'a pas fait partie de la recherche collective, la contribution de Marc Steinberg, présentée à l'occasion d'une journée d'étude internationale organisée dans le cadre du projet CoCirPE, consiste moins à traiter l'adressage à l'enfant, central dans un *media mix* comme celui de la série télévisée *Yo-Kai-Watch* et de ses produits dérivés, que de la façon dont les enfants sont mobilisés pour circuler entre ces différents produits et les consommer.

Bibliographie

Brougère, G. (2003), *Jouets et compagnie*, Paris, Stock.

Brougère, G. (dir.) (2008), *La ronde des jeux et des jouets. Harry, Pikachu, Superman et les autres*, Paris, Autrement.

Brougère, G. & Dauphragne, A. (dir.) (2017), *Les biens de l'enfant. Du monde marchand à l'espace familial*, Paris, Nouveau Monde éditions.

Brougère, G. & La Ville, V.-I. de (dir.) (2011), *On ne joue pas avec la nourriture ! Enfance, divertissement, jeu et alimentation : entre risques et plaisirs, Cahiers de l'Ocha*, n° 16.

Buckingham, D. (2011), *The Material Child*, Cambridge, Polity Press.

Buckingham, D. & Tingstad, V. (2010), *Childhood and Consumer Culture*, New York, Palgrave Macmillan.

Caldwell, J. T. (2008), *Production Culture: Industrial Reflexivity and Critical Practice in Film and Television*, Durham, Duke University Press.

Chamboredon, J.-C. & Fabiani, J.-L. (1977), « Les albums pour enfants [Le champ de l'édition et les définitions sociales de l'enfance – 1] », *Actes de la recherche en sciences sociales*, 13(1), p. 60-79.

Court, M. & Henri-Panabière, G. (2012), « La socialisation culturelle au sein de la famille : le rôle des frères et sœurs », *Revue française de pédagogie*, n° 179, p. 5-16.

Détrez, C. (2014), *Sociologie de la culture*, Paris, Armand Colin.

Garnier, P. (2012), « La culture matérielle enfantine : catégorisation et performativité des objets », *Strenæ*, n° 4, http://journals.openedition.org/strenae/761.

Garnier, P. (2013), « Produits éducatifs et pratiques familiales à l'âge de la maternelle : l'exemple des cahiers d'activités parascolaires », *La revue internationale de l'éducation familiale*, n° 34, p. 133-149.

Hesmondhalgh, D. (2005), *Media Production*, Maidenhead, Open University Press.

Hesmondhalgh, D. (2013), *The Cultural Industries*, Londres, Sage.

James, A., Jenks, C. & Prout, A. (1998), *Theorizing Childhood*, Cambridge, Polity Press.

Jeantet, A. (1998), Les objets intermédiaires dans la conception. Éléments pour une sociologie des processus de conception, *Sociologie du Travail*, 40(3), p. 291-316.

La Ville, V.-I. de (dir.) (2005), *L'enfant consommateur : variations interdisciplinaires sur l'enfant et le marché*, Paris, Vuibert.

Marsh, J. & Bishop, J. (2014), *Changing Play: Play, Media and Commercial Culture from the 1950s to the Present Day*, Maidenhead, Open University Press.

Mayer, V., Banks, M. J. & Caldwell, J. T. (2009), *Production Studies: Cultural Studies of Media Industries*, New York, Routledge.

Manson, M. (1997), « La librairie d'éducation dans le premier tiers du XIXe siècle », in J.-Y. Mollier (dir.), *Le commerce de la Librairie en France au XIXe siècle, 1789-1914*, Paris, IMEC éditions / Éditions de la Maison des sciences de l'homme, p. 271-282.

Manson, M. (2001), *Jouets de toujours, de l'Antiquité à la Révolution*, Paris, Fayard.

Manson, M. (2012), « Le bonbon, l'enfant et le confiseur : enquête historique », in L. Hamelin Brabant & A. Turmel (dir.), *Les figures de l'enfance : un regard sociologique*, Québec, Presses Inter Universitaires, p. 281-294.

Manson, M. (2017), « Une histoire des biens de l'enfant jusqu'en 1850 », in G. Brougère & A. Dauphragne (dir.), *Les biens de l'enfant. Du monde marchand à l'espace familial*, Paris, Nouveau Monde éditions, p. 13-34.

Octobre, S. (dir.) (2010), *Enfance et culture : Transmission, appropriation et représentation*, Paris, La Documentation française.

Octobre, S., Détrez, C., Mercklé, P. & Berthomier, N. (2010), *L'enfance des loisirs : Trajectoires communes et parcours individuels de la fin de l'enfance à la grande adolescence*, Paris, La Documentation française.

Octobre, S. & Sirota, R. (2013), *L'enfant et ses cultures : Approches internationales*, Paris, La Documentation française.

Rot, G. & Verdalle, L. de (2013), *Le cinéma : Travail et organisation*, Paris, La Dispute.

Singly, F. de (2006), *Les adonaissants*, Paris, Armand Colin.

Sirota, R. (dir.) (2006), *Éléments pour une sociologie de l'enfance*, Rennes, Presses Universitaires de Rennes.

Sirota, R. (2012), « L'enfance au regard des sciences sociales », *AnthropoChildren*, n° 1, http://popups.uliege.be/2034-8517/index.php?id=921.

Sjoberg, J., Sparrman, A. & Sandin, B. (2012), *Situating Child Consumption: Rethinking Values and Notions of Children, Childhood and Consumption*, Lund, Nordic Academic Press.

Steinberg, M. (2012), *Anime's Media Mix: Franchising Toys and Characters in Japan*, Minneapolis, University of Minnesota Press.

Trompette, P. & Blanco, É. (2009), « L'usage en conception : Projeter sans fermer la carrière sociale des innovations », in Y. Chalas, C. Gilbert & D. Vinck (dir.), *Comment les acteurs s'arrangent avec l'incertitude*, Paris, Éditions des archives contemporaines, p. 97-115.

Veyrat, N., Blanco, É. & Trompette, P. (2007), « L'objet incorporé et la logique des situations : Les lunettes au fil de l'histoire et au gré des usages », *Revue d'anthropologie des connaissances*, 11(1), p. 59-83.

L'enfant a-t-il sa place dans l'édition jeunesse ?

Nathalie Roucous et Véronique Soulé

Experice, Université Paris 13-Sorbonne Paris Cité

La difficulté à désigner aujourd'hui les livres que les adultes destinent aux enfants sous des intitulés aussi divers que « livres pour enfants », « littérature de jeunesse », « littérature enfantine », « livres jeunesse », etc., est indéniablement liée à l'histoire de ce segment de l'édition et aux représentations que la société se fait de ces livres. Les trois critères proposés par Isabelle Nières-Chevrel montrent toutes les ambiguïtés sur la façon de positionner l'objet et les usages par rapport à l'enfant : « Il s'agit de livres écrits pour les enfants (une pratique de création) ; il s'agit de livres édités pour les enfants (une pratique éditoriale) ; il s'agit de livres lus par les enfants (une pratique culturelle) » (2009, p. 19). La question est d'autant plus saillante que, depuis quelques années, ce secteur de l'édition est très florissant. Selon les données du Syndicat national de l'édition pour l'année 2014, les livres jeunesse représentent 20 % de l'ensemble des ouvrages vendus, tous secteurs confondus, à raison d'une moyenne de 6 000 exemplaires par titre, même si ces chiffres tiennent en partie à quelques best-sellers grand format au prix élevé et à des séries sous licence ou à personnages récurrents.

C'est dans ce contexte que les travaux de recherche sur les livres pour enfants se sont multipliés ces dernières années en particulier en sciences de l'éducation, en histoire ou en littérature comparée. Une partie des analyses se sont intéressées à l'enfant – sans distinction d'âge d'ailleurs – dans ce champ de la production littéraire, essentiellement à partir de deux approches. La première, en abordant l'enfant comme destinataire de ces livres, analyse l'évolution du public concerné (Manson, 2011 ; Octobre, 2004) et l'adaptation de la littérature de jeunesse à ce public (Nières-Chevrel, 2009). Elle s'intéresse particulièrement à la réception des enfants, lecteurs réels ou supposés (Montmasson, 2015), à travers les espaces de socialisation à la lecture que sont surtout l'école et la famille (Renard, 2011 ; Frier, 2006 ; Bonnéry, 2015). La seconde approche explore les représentations de l'enfant dans les livres, en particulier sous l'angle du genre (Connan-Pintado et Béhotéguy, 2014 ; Chabrol-Gagne, 2011), de la culture d'origine, d'un handicap, ou encore, beaucoup plus rarement toutefois, sous celui des classes d'âges ou des catégories sociales (Mietkiewicz et Schneider, 2013). En complément, quelques analyses sur la « fabrique éditoriale » sont développées en particulier dans une approche littéraire plus ou moins historique (Litaudon, 2016 ; Boulaire, Hervouët et Letourneux, 2010) qui révèlent les enjeux tant littéraires qu'économiques du monde de l'édition. Si l'enfant n'est pas absent de ces différentes analyses, il reste toujours à la marge et apparaît seulement ici et là en tant que destinataire ou utilisateur de l'objet.

C'est en se focalisant sur la place ou le rôle de l'enfant dans la conception du livre que la recherche présentée ici trouve son originalité. Plus précisément, il s'agit de mettre en évidence et de comprendre les formes d'adressage, direct ou indirect, de ces objets culturels à l'enfant et/ou aux parents, mais aussi les modalités d'un éventuel enrôlement, lui aussi direct ou indirect, des enfants à certaines étapes de la conception. Comment un livre est-il pensé, imaginé, conçu, fabriqué, commercialisé dès lors qu'il est destiné aux enfants ? Quelles sont les sources d'inspiration qui guident ce travail d'édition et sont-elles spécifiques par rapport à d'autres ouvrages ? Les enfants y sont-ils présents et de quelle(s) façon(s) ? Dans quelle mesure l'enfant est-il intégré – ou non – tout au long du processus de conception, que ce soit par sa participation réelle ou au travers de discours, de souvenirs ou de représentations ? Cette approche implique de faire émerger plus largement les différentes logiques qui président à la conception, que celles-ci visent les enfants ou les adultes, parents ou non. Quels sont les ressorts et les justifications qui guident la conception ? Comment se situent les projets d'édition à destination des enfants entre éducation, divertissement et culture ?

La perspective adoptée s'inscrit prioritairement dans le champ de la sociologie de l'enfance, même si les liens avec les questions qui traversent le domaine des industries culturelles ne peuvent être écartés du fait de l'imbrication de la conception avec des aspects plus commerciaux liés au marketing et à la diffusion. La place de l'enfant dans la conception des produits renvoie ainsi à la place donnée à l'enfant dans la société. Depuis quelques années, la question de cette place sociale de l'enfant et celle de son *agency* (Octobre et Sirota, 2013 ; Garnier, 2015) font l'objet de recherches de plus en plus nombreuses. Si l'enfance est régulièrement abordée à partir des contextes institutionnels et du contexte familial (Bergonnier-Dupuis, 2005 ; Sirota, 2015), il est toutefois plus rare que les analyses se penchent sur les aspects plus culturels des pratiques et des univers qui caractérisent ces âges de la vie (Octobre, 2010). Ce sont précisément ces cultures enfantines qui sont ici éclairées en se situant non pas du côté des pratiques enfantines (Arléo et Delalande, 2011) ou de la consommation des objets (Buckingham, 2011 ; Cook, 2004), mais de celui de la conception des biens et des médias de l'enfance.

Les analyses sont issues d'un travail de terrain réalisé auprès d'une petite structure éditoriale qui a accepté d'ouvrir portes et carnet d'adresses, nous laissant la possibilité de suivre les différentes phases et étapes de l'édition de plusieurs ouvrages. Le processus de production a ainsi pu être abordé à partir d'entretiens avec l'équipe éditoriale et des auteurs et/ou illustrateurs, mais aussi à partir d'observations lors des rencontres entre les différents acteurs de la chaine, tout au long du processus.

Une approche ethnographique

Pour diverses raisons, en particulier de faisabilité, le choix a été fait de mener le travail de recherche dans une maison d'édition spécialisée jeunesse, les éditions Thierry Magnier, du nom de son fondateur et toujours directeur à ce jour. Fondées en 1998, les éditions Thierry Magnier sont associées depuis 2007 au groupe Actes Sud[1] qui assure la commercialisation des ouvrages. Gardant malgré tout son indépendance éditoriale, cette maison fait partie des 180 « petits » éditeurs (Korach et Le Bail, 2014) avec environ soixante-dix livres, albums et romans édités chaque année pour un tirage moyen de 2 500 exemplaires par ouvrage – de 1 800 à 5 000 selon la notoriété des auteurs – mais en réduction chaque année[2]. Comme une grande partie de ces « petits éditeurs », Thierry Magnier apparaît aussi comme un « éditeur littéraire » ou à « forte exigence littéraire » (Lahire, 2006), publiant des livres « d'avant-garde » (Chamboredon et Fabiani, 1977). La maison se caractérise également par une notoriété certaine puisque chaque année un ou plusieurs livres reçoivent un prix prestigieux[3] et font l'objet de nombreux articles dans la presse spécialisée. Cette notoriété tient aussi à la personnalité de son directeur, très actif dans le milieu éditorial et reconnu

[1] Trois maisons d'édition du groupe ont aussi un secteur jeunesse : Le Rouergue, Actes Sud Junior et Hélium.

[2] Ces petits éditeurs représentent 20 % du chiffre d'affaire du marché jeunesse, 80 % étant détenus par la vingtaine de « gros » éditeurs.

[3] « Pépite » du Salon du livre jeunesse à Montreuil, prix de la Foire internationale du livre de jeunesse à Bologne, prix Sorcières de l'Association des librairies spécialisées jeunesse, etc.

par ses pairs comme en témoigne son élection à la présidence du Groupe Jeunesse du Syndicat national de l'édition en février 2016.

Comme pour nombre de maisons d'édition de cette catégorie, la diffusion commerciale est restreinte aux librairies indépendantes, aux grandes surfaces culturelles telles que la FNAC, et à la vente en ligne. En effet, la facture et la qualité de l'édition qui font de chaque ouvrage « un trésor, un magnifique objet unique » (P., auteure) conduisent à un prix moyen relativement élevé (environ 15 €) qui empêche leur commercialisation en supermarchés ou hypermarchés. Ce réseau de librairies qui assure plus de 80 % des ventes de livres en France (chiffres de 2013) induit de fait un public particulier, plutôt socialement favorisé et culturellement bien doté[4].

Pour saisir le processus d'édition dans tous ses détails, l'enquête a été focalisée sur le travail éditorial autour de deux ouvrages (détaillés en encadré). Le premier, *Le Grand livre de jardinage des enfants : 40 activités de jardinage à réaliser tout au long de l'année avec un enfant* (Album1) est un livre de commande qui présente une forte dimension documentaire et pratique, voire éducative. Le texte a été écrit par deux auteures habituées à collaborer, et mis en images par une illustratrice qui a déjà travaillé pour un ouvrage similaire précédent. Le second album, *Dans la tête d'Albert* (Album2), est une fiction à la narration assez complexe et avec des illustrations très élaborées, à l'image d'un grand nombre de livres édités par cette maison. À l'inverse du précédent, il est issu d'un projet qui a été présenté de concert par une auteure et une illustratrice, également habituées à travailler ensemble. Les deux ouvrages apparaissent sous la rubrique « Album[5] » du catalogue parmi les quelque 250 titres qui ne

4 Sur ces aspects, outre les analyses d'Olivier Donnat (2009) sur *Les pratiques culturelles des français*, on peut trouver des éléments chiffrés dans le rapport réalisé par l'Observatoire Société et Consommation pour le Syndicat de la Librairie Française sur *Les clients de la librairie indépendante* (juin 2013). Il faut cependant souligner que les données recueillies exclusivement auprès des adultes ne mettent pas du tout en avant le domaine de l'édition jeunesse et ses éventuelles spécificités en termes de publics.

5 Comme l'éditeur, nous garderons l'appellation générique « album » même si cet ouvrage, plutôt pratique ou documentaire, semble en décalage avec les « définitions » les plus courantes qui désignent des livres dans lesquels l'image prime sur le texte, ou dont les effets de sens reposent sur des interactions du texte, de l'image et du support (Nières-Chevrel, 2009).

sont délibérément pas organisés en collections, puisque « chaque album est unique » selon l'éditeur[6].

Tout en restant fidèles à l'étendue du champ éditorial de la maison, ces deux albums ont été choisis pour leurs différences (commande *vs.* projet externe, documentaire *vs.* album, contenu pratique *vs.* contenu conceptuel), mais aussi du fait de l'investissement particulier de l'équipe éditoriale et de l'expérience importante des différents acteurs impliqués dans leur conception. Cependant, comme nous allons le découvrir, malgré ces différences dans l'objet, le processus de production des deux ouvrages est très proche. Notre choix résulte aussi de considérations plus pragmatiques, l'avancement des projets devant nous permettre de suivre toutes les étapes, depuis la conception jusqu'à la mise en vente, en un temps plus « raccourci » – celui de l'enquête – que celui du processus d'édition. En choisissant des dates de parution décalées, il nous a ainsi été permis de suivre l'ensemble du processus par moitié, soit son démarrage avec Album2 (sortie en août 2015) et son aboutissement avec Album1 (sortie en avril 2015).

Sur la base de cette sélection, le processus de production a pu être approché et décrypté en associant étroitement éléments de discours et pratiques réelles. Une partie importante des données est en effet issue des entretiens réalisés avec quatre des sept membres de l'équipe éditoriale dont les deux personnes (éditeur directeur et éditrice des albums) qui ont assuré le suivi des deux ouvrages, mais aussi avec quatre des cinq auteures et illustratrices impliquées, que nous remercions très chaleureusement pour leur accueil et leur disponibilité. Mais ces entretiens ont été régulièrement appuyés sur les pratiques et les réalités observées en parallèle. Les observations ont en effet été réalisées tout au long des neuf mois d'enquête pour suivre le processus d'édition en train de se faire au quotidien. L'éditeur nous a permis d'accéder aux différentes réunions de travail, plus ou moins formelles, de l'équipe éditoriale. Nous avons surtout pu suivre les interactions entre l'éditrice en charge des deux ouvrages et les auteures et illustratrices, en assistant aux réunions ainsi qu'en ayant accès aux échanges électroniques qui ont jalonné le processus. Ces différents éléments d'observations nous ont permis de faire le lien avec les explications recueillies en entretiens. Par ailleurs, les premières données de terrain nous ont amenées à étendre l'enquête à la partie vente, c'est-à-dire au rôle des diffuseurs et des libraires,

---

6 Seules deux collections font exception : « Tête de lard », dont la direction a été confiée à un auteur-illustrateur dès la création de la maison, et « Les Décadrés » dont la direction artistique est co-assurée avec une galerie d'art pour enfants.

alors qu'elle avait initialement été écartée. Ces aspects, que l'on pensait *a priori* intervenir en fin de processus et en dehors de la conception, se sont révélés avoir un rôle important très tôt dans le processus, comme nous le verrons.

Même si les deux cas observés ne couvrent qu'une partie très réduite des parutions de la maison d'édition, l'ensemble des matériaux recueillis nous permet d'avoir une vision relativement complète et précise du processus pour mettre à jour non pas tant les modalités pratiques que les perspectives et enjeux qui président à la réalisation d'un album et qui permettent de saisir les formes de l'adressage à l'enfant. De même, les analyses ci-dessous ne peuvent prétendre couvrir l'ensemble du monde de l'édition jeunesse, mais éclairent en profondeur cette partie assez réduite mais spécifique du secteur : celui qui, par son mode de diffusion restreint – librairies et grandes surfaces spécialisées uniquement – et par sa politique éditoriale assumée – « des livres exigeants et audacieux » – revendique une dimension culturelle se démarquant des objets de masse.

Les deux ouvrages

Le Grand livre de jardinage des enfants : 40 activités de jardinage à réaliser tout au long de l'année avec un enfant (Album1 – 94 pages, 21,50 €) présente, en grand format (32x26 cm), une série d'activités autour du jardin et du jardinage, à raison d'une par double page, avec consignes à suivre, conseils et informations et de nombreuses vignettes d'illustration disséminées sur tout cet espace. Il a été écrit par deux auteures qui travaillent ensemble depuis une vingtaine d'années, avec une quinzaine de livres publiés par an (livres pratiques ou d'activités, documentaires, albums, éducation religieuse) chez une douzaine d'éditeurs jeunesse très différents (religieux, grand public, spécialisés), que ce soit en répondant à des commandes ou en proposant leurs projets. Avant celui-ci, elles avaient déjà publié huit ouvrages aux éditions Thierry Magnier. L'illustratrice travaille pour différents éditeurs jeunesse depuis 2008, en répondant à des commandes d'illustration de textes ou en concevant ses propres albums (une dizaine à ce jour). C'est elle qui avait déjà illustré chez le même éditeur en 2013 *Le Grand livre de cuisine des enfants* dont le présent album reprend le principe, la structure et la présentation des activités. Une attention commerciale particulière a été portée à cet album, pour lequel ont été prévus un cadeau pour les clients (un sachet de graines), un dépliant de présentation et une affiche pour les libraires, ainsi que l'organisation d'un lancement dans une librairie. Le tirage initial a été fixé à 5 000 exemplaires.

Dans la tête d'Albert (Album2 – 34 pages, 27x25 cm, 17 €) met en scène un chien et son maître, adulte, avec une alternance de points de vue, celui du chien qui s'étonne du comportement de son maitre, et ce dernier qui explique tout ce qui se passe à l'intérieur de sa tête. Il a été écrit par une auteure, psychologue de formation et conceptrice publicitaire, qui a rédigé les textes d'une vingtaine d'albums depuis 1994, tous publiés par des éditeurs de niche. L'illustratrice a commencé à travailler au début des années 2000. Elle illustre surtout des textes d'auteurs, monte de nombreuses expositions de son travail, et anime très souvent des ateliers d'art plastique, lors de salons du livre par exemple. Son premier livre aux éditions Thierry Magnier est paru en 2012. Le texte de Album2 a été finalisé par l'auteure et l'éditrice – après sept ou huit versions successives – avant d'être confié à l'illustratrice. Cependant l'auteure et l'illustratrice, qui se connaissent bien, avaient décidé de faire ce livre ensemble et ont soumis ensemble le projet à l'éditeur après en avoir longuement discuté. Le tirage initial a été fixé à 2 600 exemplaires.

Une absence-présence de l'enfant

Il ressort des entretiens et des observations que les enfants sont rarement présents dans les pratiques qui jalonnent le travail des créatrices (auteures et illustratrices), et encore moins du côté de l'équipe éditoriale. Cette absence de l'enfant est d'une certaine façon revendiquée à travers une politique éditoriale construite « plus dans une offre que dans la demande » (T., directeur) et surtout pas sur des études de marché. Cette démarche s'accompagne d'une absence de ligne directrice explicite et d'une politique éditoriale dite « au coup de cœur » (D., éditrice albums), les choix et les orientations reposant sur le goût personnel du directeur et de ses collègues qui le revendiquent et l'assument en disant accepter de « prendre des risques » (D., éditrice albums).

En cohérence avec cette politique éditoriale, les enfants ne sont pas consultés quant à leurs goûts ou leurs souhaits en matière de livres, ni en amont ni au cours de la conception et de la production. Aucun des éditeurs ou créatrices rencontrés ne procède ni ne souhaiterait procéder à des « tests » auprès d'enfants pour savoir s'ils apprécient le livre en cours de conception et ce qu'ils comprennent. Plus encore, pour rédiger les textes, les auteures de l'Album1 se sont appuyées sur des livres ou blogs pour adultes. Alors qu'elles usent d'un vocabulaire précis et peu courant parce que propre au jardinage, elles n'ont pas souhaité en vérifier la compréhension par les enfants, préférant ajouter des explicitations quand elles l'ont jugé nécessaire, comme dans cet exemple : « Paillez : mettez de la paille au pied la tige pour garder l'humidité du sol » (p. 73). De même, les activités proposées n'ont pas été testées avec des enfants, hormis quelques-unes lorsque les auteures ont eu quelques doutes. Leurs vingt ans d'expérience dans la presse jeunesse leur permettent d'affirmer « On sait ! C'est quand même notre métier. Ça fait tellement longtemps… » (A., auteure).

Cependant, si aucun enfant n'a directement été sollicité dans le processus même de conception du livre, ils n'en sont pas, pour autant, totalement absents. Une fois un ouvrage publié, les éditeurs et l'équipe de promotion s'intéressent parfois à sa réception auprès des enfants « pour voir si ça prend ou si ça prend pas » (T., directeur), mais en se limitant à leur entourage proche, et jamais de façon systématique. Quelques retours sur le livre sont également recueillis auprès des libraires ou lors de salons du livre – en général, quatre à cinq par an – où l'équipe éditoriale est présente : « J'aime beaucoup les salons pour ça, pour voir les enfants, parce que sinon… Ben après, nous, quand on va le week-end en librairie, mais, c'est tout. Le contact avec les enfants, oui, on l'a quasiment jamais. Jamais, jamais » (A., responsable communication).

En revanche, comme beaucoup des créateurs du monde de l'édition, les auteures et illustratrices interrogées sont plus souvent amenées à rencontrer des enfants, essentiellement dans le cadre de ces « activités paralittéraires » (Lahire, 2006) qui ont connu une forte expansion au cours des vingt dernières années. C'est ainsi qu'elles sont souvent sollicitées pour des séances de dédicaces par les organisateurs de salons, par les libraires, mais aussi par les éditeurs eux-mêmes, pour assurer la promotion et ainsi stimuler les ventes. Ces séances de signatures présentent l'intérêt de constituer un espace de rencontres plus personnalisées avec des lecteurs, sous forme d'échanges informels de quelques minutes avec l'enfant seul ou accompagné de ses parents ou d'un autre adulte.

Un certain nombre de concepteurs rencontrent aussi les enfants dans le cadre scolaire lors d'animations ou d'ateliers développés sur des temps plus ou moins longs. La pertinence de ces rencontres ne semble pas partagée par toutes nos interlocutrices, mais pour certaines, elles apparaissent nécessaires ou même « indispensables », car elles « nourrissent » leur création. Les échanges leur permettent d'avoir quelques échos au sujet de la réception de leur production, en termes de compréhension ou de goût, et de mieux connaitre leurs destinataires, c'est-à-dire « de savoir à qui on s'adresse, de voir quelles sont leurs préoccupations du moment » (T., illustratrice). Ces rencontres apparaissent enfin parfois comme des sources d'inspiration, révélant comment l'enfant peut parfois tenir une place dans la création des ouvrages :

> C'est-à-dire que c'est le retour des enfants qui, par exemple, en me disant [...] « Oh c'est marrant parce que tu mets des Playmobil ». Donc quand je l'ai entendu une fois, deux fois, trois fois et si souvent, je me dis « Ah c'est une bonne idée de mettre des jeux ou des jouets systématiquement ». Pour entretenir un rendez-vous avec les enfants dans mes bouquins (B., illustratrice).

La fréquence de ces rencontres est toutefois très variable. Une des illustratrices apparaît par exemple très active dans cette démarche et se déplace pour des sessions de plusieurs journées deux fois par trimestre, intervenant ainsi dans environ quatre-vingts classes par an. Pour elle, ces rencontres sont essentielles parce qu'elle a « besoin d'avoir un retour » et les enfants apparaissent comme « des partenaires, [... ce sont] les mêmes collègues que les auteurs » (B., illustratrice).

Un enfant inscrit dans l'objet

Si l'enfant n'est que rarement convoqué directement au cours des différentes étapes du travail d'édition, il transparait néanmoins sous d'autres formes, et en premier lieu parce qu'en tant que destinataire, il est en quelque sorte inscrit dans l'objet. Les formes données à l'objet-livre tant au niveau des illustrations que de la typographie apparaissent comme des éléments qui marquent l'évidence de l'adressage à l'enfant : « On voit que c'est adapté aux petits, l'information saute tout de suite aux yeux » (D., éditrice albums). Pour les auteures, l'expression est aussi le lieu de ce marquage du produit par son destinataire : « Notre travail c'est de rendre accessible, et notamment ici, que la syntaxe soit la plus simple possible. Il y a les étapes, chaque phrase aura une idée, on va faire des phrases quand même courtes, simplifier au maximum, quoi, sans pour autant... » (P., auteure).

L'adressage à l'enfant conduit aussi à faire un travail plus subtil de ciblage des contenus, en particulier lorsque le propos ne touche pas des sujets qui s'inscrivent directement dans la culture enfantine, comme dans les ouvrages davantage documentaires ou pratiques. Les questions sont parfois posées en termes de sélection de contenus en lien avec les compétences ou capacités des enfants, mais cette adaptation n'apparaît pas essentielle comme nous le verrons par la suite. Les contenus et les formes sont davantage réfléchis par rapport à ce qui peut faire sens pour des enfants, au regard de certaines spécificités comme ici avec le rapport au temps.

> Par exemple pour les enfants, « Arrosez tous les jours. Au bout d'une semaine, la graine a germé ». On l'aurait peut-être pas dit pour un adulte, mais là on a envie que l'enfant il sache ce qu'il va récolter, d'avoir cette notion de temps. [...] Dans notre chemin de fer[7], on ne va pas ne pas faire une activité parce qu'elle pourrait sembler compliquée. Mais en revanche, il y a des activités qu'on proposera pas parce qu'elles nous semblent pas adaptées à l'enfance. Par exemple, planter un arbre, là l'enfant il a quand même besoin d'avoir du résultat de son travail, il va pas attendre et le jardinage, il y a cette chose un peu contradictoire avec l'enfance, c'est qu'on doit attendre (P., auteure)

L'adressage à l'enfant est ainsi évoqué de façon incidente au travers de ces évidences qui guident la conception des livres destinés aux enfants. Cependant, observations et entretiens révèlent de façon concomitante de très nombreuses ambiguïtés, voire des réticences à l'afficher directement et explicitement. Aussi, les indices de cet adressage sont parfois assez discrets ou laissés délibérément flous. Sur la quatrième de couverture des deux ouvrages, le texte de présentation de quelques lignes ne s'adresse ainsi pas particulièrement aux enfants. Pour Album1, la cible doit être directement nommée pour expliciter un contenu qui par sa forme très neutre ouvre tous les possibles quant au destinataire : « Semer des radis, planter des tomates, réaliser son propre compost, lutter contre les ennemis du jardin [...] Le livre de jardinage de tous les enfants, des villes et des champs ! ». De même, si le titre indique que l'ouvrage contient « des activités [...] à réaliser avec des enfants », il n'indique pas pour autant qu'il s'adresse directement à eux, comme peuvent le préciser des livres d'autres maisons d'édition jeunesse[8] à travers différents marqueurs énonciatifs (mots enfantins, tutoiement, etc.) marquant la cible enfantine.

Le flou est surtout maintenu par l'absence d'une quelconque mention d'âge. « On n'aime pas tellement mettre des classifications d'âge donc on ne les met jamais sur les livres. [...] Ce n'est pas ce qu'on met en avant du tout » (D., éditrice albums). L'équipe éditoriale refuse ces classements d'âge qui « bloquent les impulsions d'achat » (T., directeur) tant des enfants que des adultes. Contrairement à d'autres éditeurs jeunesse, il

---

7 Ce terme désigne le document qui présente le choix et la mise en page rapide des textes et images, sur un principe assez proche du storyboard dans le domaine de l'animation.

8 On peut citer sur le même thème : *Mon jardin à cultiver. 22 activités pour faire pousser et soigner tes plantes sur ton balcon ou dans ta maison* (Mila éditions).

s'agit ici d'une volonté très clairement affichée, lisible aussi dans l'absence de découpage du catalogue en collections qui constituent habituellement des repères de niveau si ce n'est d'âge. Les ouvrages ne comportent pas non plus d'indications en termes de prérequis, tels des compétences en lecture ou une certaine habileté manuelle (ici en vue des activités de jardinage), ni même de mention à propos de la complexité narrative, en particulier dans le cas d'un ouvrage comme Album2. L'objectif est ainsi de livrer volontairement un objet « brut » pour laisser toute latitude au lecteur de choisir mais aussi de découvrir et de s'approprier librement le contenu.

> Mais moi, au départ, au départ j'étais contre les quatrièmes de couvertures. [...] parce que moi j'aime l'idée de découvrir un livre comme ça, j'aime ça. J'aime pas qu'on donne l'explication, j'aime pas qu'on donne la clé, j'aime pas qu'on donne le mode d'emploi, j'ai pas envie d'expliquer le titre, j'ai pas envie... non, j'ai envie qu'on rentre là-dedans (T., directeur).

On perçoit ici clairement une volonté de prendre de la distance avec des pratiques ordinaires qui reprennent – et pérennisent par là-même – des « catégorisations normatives » des objets qui contribuent à produire l'enfant et ses compétences (Garnier, 2012).

Un adressage multiple

Cette volonté de « brouillage des frontières d'âges » (Sirota, 2005) remet d'une certaine façon en cause l'idée d'un adressage clair et surtout limité aux enfants. Ainsi, certains ouvrages sont en quelque sorte hors catégorie comme *Dans mon ventre*, de Fanny Michaëlis, qui est maintenu dans la catégorie « jeunesse » alors que, de l'aveu même de l'éditeur, c'est « un livre pour les parents » (T., directeur) qui livre les réflexions d'une mère sur l'accouchement. L'adressage aux enfants est aussi parfois élargi en visant de façon plus générale les novices ou les personnes inexpérimentées. Par son intention de découverte et d'initiation, Album1 est par exemple présenté comme un ouvrage qui « peut servir à un jardinier adulte qui n'a jamais jardiné » (P. et A., auteures).

Mais derrière l'affirmation « c'est pour tous » (T., directeur) se cache aussi l'idée ou le souhait que l'ouvrage s'adresse aussi bien à l'adulte qu'à l'enfant parce que chacun, quel que soit son âge, peut y trouver le même intérêt. Dans Album1, en utilisant l'impératif à la deuxième personne du pluriel – « *Déposez une graine* » – au lieu de tutoyer le lecteur/enfant comme c'est la coutume en édition jeunesse, l'ouvrage prodigue ses consignes autant à l'adulte lecteur qu'au binôme adulte-enfant. Ce qu'on pourrait qualifier de multi-adressage est affirmé par l'éditeur qui cherche toujours à séduire l'enfant mais aussi l'adulte. Cette intention est partagée par les créateurs, en particulier les illustratrices qui souhaitent réaliser quelque chose « qui nous plaît à nous aussi et donc potentiellement plaît aussi aux adultes » (B., illustratrice). Au-delà de cette idée que ce qui plaît aux enfants peut aussi plaire aux parents, il s'agit parfois de proposer des ouvrages qui permettent un « double niveau de lecture » (T., directeur), l'un directement perceptible par les enfants, l'autre par les adultes. Ceux-ci peuvent comprendre autre chose que les enfants, repérer des jeux sur la langue ou des allusions, dans le texte ou l'image, s'en amuser et apprécier ainsi le livre différemment des enfants. Cette possibilité de lecture à plusieurs niveaux ou degrés est d'ailleurs souvent considérée comme gage de qualité du livre et elle est de plus en plus souvent revendiquée par les auteurs et les éditeurs, surtout pour les albums de fiction destinés aux enfants qui ne savent pas encore lire. Le multi-adressage prend ainsi une forme plus complexe qui justifie d'écarter un adressage ciblé par âge.

Enfin, comme pour beaucoup d'objets qui cherchent à s'adresser à l'enfant, il apparaît très difficile d'isoler totalement la cible que constitue l'enfant des adultes qui l'accompagnent ou l'encadrent dans l'accès ou l'usage de l'objet, ici le livre (Cochoy, 2004). Éditeurs et créateurs visent, voire revendiquent, souvent la double cible ou le binôme enfant-adulte, mais on voit aussi apparaître toutes les hésitations et les contradictions que cela implique dans les discours des uns et des autres. Si son statut d'acheteur donne la priorité à l'adulte, les avis divergent en particulier dès que l'enfant grandit et qu'on estime qu'il devient en situation de choisir : « Là [quand les enfants sont jeunes], il faut d'abord séduire le parent. Il faut séduire le parent… […] Moi je dirais jusqu'à 5 ans. À 5 ans, ils sont déterminés ; c'est ce bouquin qu'ils veulent, c'est pas celui-là. Là on fait attention à séduire l'enfant » (T., directeur).

Mais, ce ciblage se distingue en partie des autres objets destinés à l'enfant du fait de la place que peut prendre l'adulte dans l'usage même de l'objet. S'il est celui qui va choisir et acheter le livre, il est aussi pensé comme celui qui va lire le livre à l'enfant, contrairement au jouet que l'enfant peut utiliser de façon autonome une fois qu'il en dispose. L'adulte est alors intégré dans l'adressage au double titre de pourvoyeur de l'objet mais aussi de médiateur ou de passeur de son contenu : « C'est l'adulte qui va faire l'acte d'achat, c'est lui qui va [aussi] faire l'acte d'entrer dans le livre pour le transmettre » (T., directeur).

Sur cet aspect de la transmission, les petits éditeurs semblent développer une spécificité. En s'adressant à un public plus large, les gros éditeurs dictent souvent aux parents une forme d'accompagnement à la lecture qui s'apparente aux formes pédagogiques voire scolaires. Chez Thierry Magnier au contraire, cette dimension de médiation ou de partage est en quelque sorte intégrée à l'ouvrage, qui est adressé au binôme adulte-enfant comme par exemple dans Album1. Dans cet album, la dimension de transmission par l'adulte à l'enfant est affirmée : « Là il y a un vrai rôle de transmission, c'est-à-dire que c'est avec l'adulte, c'est lu avec l'adulte » (A., auteure). Mais, en destinant l'album aussi à l'adulte, l'éditeur lui laisse le soin de prendre en charge la dimension de transmission du propos, sans lui fournir de formes pédagogiques préétablies.

Ceci étant, cette question de l'adressage est souvent esquivée en cherchant à séduire les uns et les autres sans distinction, par cette priorité accordée à l'objet et à sa qualité : « Ça plaît à tout le monde parce que c'est de bon goût, parce que c'est bien pensé, intelligent, coloré, drôle, pêchu, etc. » (D., éditrice albums).

La médiation commerciale

Si, dans les discours, l'éditeur et son équipe affirment donc vouloir d'abord viser le binôme adulte-enfant, l'enquête a mis en évidence un troisième acteur dans cette construction de la cible. L'adressage à l'enfant destinataire et même à l'adulte acheteur semble en partie escamoté par les intermédiaires liés aux aspects commerciaux du processus éditorial. Il apparaît en effet que le secteur commercial, qui regroupe la diffusion et la vente, intervient dès la conception de l'ouvrage, en grande partie parce que le processus et le calendrier de commercialisation empiètent très rapidement sur celui de la conception, au lieu de lui succéder comme dans d'autres secteurs de l'édition. Ainsi, pour Album2, afin de présenter l'ouvrage et l'inscrire dans le parcours commercial, l'illustratrice a dû fournir des éléments définitifs six mois avant la sortie en librairie et trois mois avant la fin de la conception. De fait, c'est en parallèle des étapes de conception du livre impliquant éditeurs, auteures, illustratrices (et graphiste en externe) que les différents acteurs de la commercialisation (service promotion et communication, service commercial et marketing, diffuseurs, libraires) interviennent avec un calendrier très précis. De plus, si le contenu d'un album peut décider de sa date de parution, par exemple une histoire se déroulant en hiver devant être publiée avant Noël, inversement cette date peut avoir des effets sur la conception même du livre comme par exemple pour Album1 où le choix de la première saison a été revu et les contenus adaptés en conséquence pour se caler sur le mois de parution.

Mais, c'est surtout dans son rôle de filtrage des produits, entre la partie conception et le public, que le secteur commercial se révèle très influent. Cette importance des acteurs de la partie commerciale de l'édition s'est révélée – à notre étonnement, il faut le dire – lors des observations des réunions de concertation entre l'équipe éditoriale et des responsables commerciaux d'Actes Sud. Ces rencontres sont le lieu de négociations ou de tractations qui prennent souvent la forme d'un jeu d'influence – voire d'un jeu de séduction – tout en fonctionnant essentiellement à la subjectivité et à l'intuition. Sans rentrer dans le détail, on peut décrire le déroulé comme une succession de concertations entre les différents acteurs qui interviennent en cascade aux étapes successives du circuit commercial.

Le processus, qui se renouvelle cinq fois par an, se déroule sur un mois ou deux, environ six mois avant la sortie des ouvrages en librairie et donc sensiblement à mi-parcours depuis les premières évocations des projets par les éditeurs. Il commence par une « réunion pré-commerciale » qui réunit l'équipe éditoriale et deux personnes du groupe Actes Sud : la responsable commerciale, chargée de superviser les ventes jeunesse pour l'ensemble du réseau de librairies, et la responsable promotion et marketing jeunesse. Sur la base des présentations et arguments développés par l'équipe éditoriale, sont discutés le choix des livres à mettre en avant, l'ordre et les échéanciers de présentation pour les deux à trois mois à venir, ainsi que le tirage et les estimations de « mise en place à l'office[9] » de chaque livre.

> En fait, c'est souvent là où il y a un *fight*, une opposition, entre moi qui dis « J'y crois, c'est super, on fait un tirage à 4 000 », et le commercial qui fait son Jimmy Cricket, en me disant « Méfie-toi, les libraires sont frileux, la mise en place est difficile, tu vas pas faire tes 4 000 de tirage, donc il faut réduite ton tirage », et voilà, et on discute (D., éditrice albums).

Deux semaines après, le processus se poursuit avec « la réunion commerciale » au cours de laquelle les éditeurs dévoilent cette sélection à

[9] Cette dernière donnée, qui désigne le nombre d'exemplaires achetés par le libraire pour le jour de la sortie du livre (avant réassortiment), apparaît comme un enjeu essentiel dans le processus de commercialisation, puisque, apparemment, déterminante pour le nombre de ventes.

l'équipe des six diffuseurs[10] chargés de présenter et de vendre les ouvrages aux libraires. La présentation de chaque livre est faite sur la base d'une fiche argumentaire avec résumé, mots-clefs, présentation des auteurs, points forts et infos pratiques – dont une indication d'âge qui apparait pour la seule et unique fois – complétée par la projection sur écran de la couverture et deux doubles pages intérieures, en insistant sur les livres à privilégier parmi la quinzaine d'ouvrages à paraître. Ces réunions commerciales représentent une étape extrêmement importante dans le processus de commercialisation, car pour les éditeurs, il s'agit d'emporter l'adhésion voire l'enthousiasme des diffuseurs pour les ouvrages présentés et de leur fournir les informations suffisantes pour convaincre les libraires à leur tour. L'exercice apparaît d'autant plus comme un défi pour les éditeurs que ces réunions « marathon » laissent peu de place aux échanges avec les représentants qui « sont rarement dans le merveilleux ! » (D., éditrice albums) et qui ne fournissent pas de retours sur « comment ils restituent les choses, comment ils présentent » (A., service communication) les ouvrages aux libraires.

La troisième phase du processus se déroule quelques semaines plus tard, entre chaque diffuseur et les libraires de son secteur auxquels il présente les nouveautés. Cette dernière étape joue donc un rôle primordial, quels que soient d'ailleurs la maison d'édition et son mode de fonctionnement. Cependant, avec un catalogue de quelque 230 nouveautés adultes et jeunesse en provenance de différents éditeurs à paraitre dans les trois mois à venir et à présenter aux libraires en moins d'une heure, les diffuseurs ne disposent que de deux minutes par livre.

Ce déroulé et les fonctionnements laissent très clairement apparaître que, en réalité, l'éditeur ne vise pas à séduire l'acquéreur (l'adulte ou même le binôme adulte-enfant) et encore moins sans doute le lecteur. Sa démarche consiste semble-t-il à séduire d'abord celui qui sera chargé de séduire l'acheteur, autrement dit le libraire, mais toujours via cet intermédiaire essentiel qu'est le diffuseur sur lequel il concentre beaucoup d'efforts. Outre la pression commerciale, l'importance de l'offre de nouveautés rend la mission encore plus difficile parce qu'elle nécessite de faire des choix et de donner des priorités qui ne sont pas toujours les mêmes entre les acteurs du secteur édition et ceux du secteur commercial.

[10] Il s'agit des personnes qui dans d'autres domaines peuvent être désignées de « représentants commerciaux ». Dans le cas présent, ces personnes ont en charge plusieurs des maisons d'édition du groupe Actes Sud, dont Thierry Magnier, ce qui explique le nombre important d'ouvrages à présenter.

De plus, il s'agit de séduire non pas en présentant un objet fini avec toute sa matérialité et son esthétique, mais à partir d'éléments partiels. Alors que quelques maisons d'édition, comme L'École des loisirs, confient à chaque diffuseur des photocopies de l'ensemble du livre avant impression pour le présenter au libraire, ici le diffuseur dispose uniquement de la couverture et des deux doubles pages intérieures finalisées. C'est une des raisons pour lesquelles la couverture représente un enjeu essentiel pour l'éditeur mais aussi une difficulté pour les créateurs.

Au fil de toutes ces réunions, nous remarquons que l'enfant destinataire n'a jamais été évoqué, ni dans les discours de présentation de chaque album, ni de façon plus générale pour l'équilibre du catalogue ou des achats par les libraires en fonction des âges ou du sexe par exemple. Les quelques supports mis à disposition des diffuseurs et des libraires pour prendre connaissance de l'album, tels les fiches argumentaires ou le journal trimestriel de communication *La Gazette*[11], ne mentionnent jamais non plus ce lecteur auquel on destine les ouvrages. Dans toute cette partie commerciale, l'équipe éditoriale n'évoque jamais l'intérêt que peut susciter le livre auprès des enfants, préférant insister sur la « qualité » de l'œuvre, critère qui parle plus directement au libraire ou au représentant.

À toutes les étapes, les échanges portent ainsi sur l'ouvrage en tant qu'œuvre avec son contenu, son histoire (le cas échéant) et son esthétique, mais aussi sur ses créateurs et leurs inspirations. Il s'agit alors de partager entre adultes des points de vue mais surtout des goûts, avec leurs dimensions personnelles, sentimentales, expérientielles. Les argumentaires s'adressent ainsi directement aux libraires en les renvoyant à leurs propres expériences souvent à celles de mère ou de père, facilitant ainsi une identification aux personnages, sans doute une des clefs pour convaincre. Des responsables commerciaux aux libraires, en passant par ces piliers que sont les diffuseurs, les argumentaires visent à faire en sorte que les livres parlent à ces adultes. À aucun moment, l'enfant qui va lire ou écouter l'histoire, ni l'adulte d'ailleurs qui achète le livre, ne paraît trouver une place dans ces argumentaires, comme si l'intervention des aspects commerciaux faisait oublier ceux pour qui le livre est créé, produit et paradoxalement vendu.

[11] *La Gazette* est une publication trimestrielle des Éditions Thierry Magnier lancée en 2011 et développée volontairement sous format papier. Elle est destinée essentiellement aux libraires et vise à informer sur les nouveautés et sur « toute l'actualité concernant les auteurs et la maison d'édition » (*La Gazette* n° 1). Accessible en ligne : http://www.editions-thierry-magnier.com/gazette.htm.

Une politique éditoriale pensée comme une offre

Absent des discussions du circuit de commercialisation, l'enfant est plus souvent évoqué mais de façon indirecte lors des échanges entre les acteurs professionnels de la conception et de la réalisation. Au cours des réunions de travail de l'équipe éditoriale, ce sont les démarches artistiques, les thématiques « peu vendables », les histoires « déjà vues » ou « bavardes et pesantes » qui sont critiquées par le directeur et l'éditrice des deux albums en cours. Tout au long de la conception du livre, dans les courriers électroniques ou au cours des réunions de travail, les échanges entre l'éditrice d'une part et les auteures et illustratrices d'autre part portent aussi presque exclusivement sur la construction et la cohérence de l'ouvrage, en discutant la mise en pages, le chemin de fer, la précision du vocabulaire ou la lisibilité des éléments graphiques, etc. Toute l'attention semble donc porter sur l'objet dans ses dimensions littéraire et esthétique, « pour penser livre, en fait » (B., illustratrice), sans référence précise aux jeunes lecteurs.

Mais si l'enfant est rarement cité, les conseils, les échanges et les adaptations qui sont discutées parlent néanmoins bien en creux d'un destinataire ou d'un lecteur. Les questions de complexité/simplicité, de longueur, de rythme et encore plus précisément d'adaptation semblent indiquer qu'il y a, derrière ces attendus, une cible. « Elle [l'éditrice albums] me disait "Ça c'est trop long, ils vont se faire chier, il faut que ça aille..." [...] En gros, ça devait être une question de rythme » (F., illustratrice).

À l'image de ce « ils », les désignations restent toujours assez floues et le lecteur lui-même reste indifférencié, plutôt désigné par un « on » (« On ne va pas comprendre », P., auteure) ou parfois de façon très globale par « les enfants » (« Il faut que ça reste parlant pour les enfants ce qui se passe dans la tête [d'Albert]. Il faut que ce soit accessible », D., éditrice albums). Si l'éditeur ne segmente pas son catalogue en collections ou en catégories d'âge, ces notions d'âges sont, de fait, intégrées dans la politique éditoriale pour assurer la rencontre entre le livre et le lecteur : « Faut pas se planter là-dessus, donc on est obligés quand même, on peut pas faire n'importe quoi. Mais c'est pas la priorité, ça c'est une évidence » (T., directeur). Mais si des catégorisations par âge sont parfois évoquées, elles restent cependant très vagues, en évoquant la distinction « petits/grands », ou avec un découpage très large autour de trois repères : « les 2 ans », « les 7 ans » et « les 14 ans ». Elles sont surtout aussi vite remises en cause et rejetées comme autant de freins et de limites à la création et à l'originalité, autant par les éditrices que les illustratrices.

> Mais je ne vais pas lui dire, au départ, « fais-moi quelque chose pour les 2 ans ». [...] Je dis à [l'auteure] quand elle commence à travailler, de ne pas penser à me faire un texte pour les petits enfants. Elle est auteure adultes, on s'adresse à elle aussi pour ça, on veut qu'elle écrive un texte par rapport aux images, sans se coincer dans sa tête avec « il faut que ce soit pour les enfants de 7 ans » (D., éditrice albums).

> Non, j'y pense pas [aux enfants]. Non, non, j'y pense pas. [...] Parce que ça demande beaucoup, beaucoup d'énergie, et du coup, je peux pas penser à eux. Par contre, je pense, euh, je vais penser en fait à un public, au public large, enfants compris (B., illustratrice).

Cette politique éditoriale se caractérise plus largement encore par le choix clairement affirmé de ne pas faire de livres spécifiquement pour les enfants, pour se prémunir du risque de ne pas leur offrir la même qualité qu'à des adultes. Cette conception du livre pour enfants est aujourd'hui partagée par un certain nombre d'éditeurs « créatifs » et créateurs de livres, mais aussi par les instances de légitimation que sont les médiateurs, les critiques ou les libraires spécialisés jeunesse (Chabault, 2017). L'intention du concepteur (éditeur et créateur) est alors de donner à lire, de transmettre un propos, voire une œuvre, sans se préoccuper de sa recevabilité ou de son adéquation avec un public potentiel, en particulier pour les albums de création. La politique éditoriale est ainsi fondée sur cette volonté que ce soit le livre qui fonde son public, et non pas le public qui détermine le livre : « [Pour des albums comme Album2], c'est le livre qui va trouver sa place et son lectorat. C'est pas nous qui allons l'estampiller. Parce qu'un album, c'est une création » (T., directeur).

Finalement, que ce soit du côté de l'équipe éditoriale ou du côté des créateurs, le travail de conception apparaît largement fondé sur les propres goûts et inspirations personnelles des acteurs ici étudiés. Si l'enfant est bien en toile de fond, sa réception, ses pratiques, ses goûts ne sont pas précisément intégrés et semblent même délibérément ignorés pour lui « soumettre ou faire des propositions ».

> On veut défendre de vrais bons textes, un certain sens de l'art, aussi... On fait des propositions artistiques. Thierry dit toujours « On allume des lumières dans la tête des enfants », mais c'est ça, de créer des curiosités vers des formes graphiques, la gravure, la sérigraphie, le dessin traditionnel au feutre, et des formes littéraires, des vraies (D., éditrice albums).

Toutefois, cet adressage à l'enfant reste un point de questionnement qui transparait dans cette tension entre d'une part le ciblage et l'adéquation à un public et d'autre part l'ambition d'offrir une ouverture sur le monde :

> Est-ce que j'ai besoin de m'intéresser aux enfants si je fais un livre qui leur est destiné ? C'est la question. Je crois pas. Mais j'en suis pas sûr. Oui, mais ça me turlupine. Parce que je me dis « Faut pas dire ça non plus » parce que je pense quand même aux enfants (T., directeur).

Des (res)sources professionnelles et personnelles

Dans cette politique de conception, les ressources ou les étayages théoriques concernant l'enfant et l'enfance apparaissent inutiles ou superflus aux yeux des acteurs ; aucune référence ne sera mentionnée, ni au cours des échanges observés, ni dans les propos recueillis. Aucun des enquêtés n'évoque de lectures d'articles ou d'ouvrages, d'émissions télévisées ou de journées d'études qui auraient contribué à la connaissance des pratiques culturelles et sociales des enfants. Seule l'une des créatrices nous fera part d'un besoin de suivre des modules de formation dans ce sens. Alors que les auteurs et illustrateurs sont souvent amenés à intervenir auprès des professionnels de l'enfance pour parler de leur métier, et sont alors considérés comme légitimes pour le faire, elle souligne le côté paradoxal de la situation, car, à l'inverse, les créateurs ne sont jamais invités à écouter des professionnels de l'enfance parler de leurs pratiques.

Cependant, on découvre au détour des entretiens qu'une partie de ces acteurs ont un parcours de formation et professionnel qui leur permet de disposer de ressources importantes concernant l'enfant. C'est par exemple le cas des deux principaux responsables de la partie éditoriale de la conception. Le directeur de la maison d'édition, qui se distingue par des études et un parcours professionnel assez diversifiés – horticulture, enseignement, librairie, communication, édition – avant la création de son entreprise, s'est particulièrement intéressé aux nouvelles pédagogies. Chez Gallimard jeunesse, où il a travaillé quelques années, il a fondé la revue *Lire et savoir* destinée aux enseignants, et il a enseigné une dizaine d'années à de futurs éditeurs. Quant à l'éditrice albums, le fait d'avoir été professeur de français, et donc de disposer d'une expérience en pédagogie, a déterminé son embauche trois ans plus tôt. Pourtant, cet ancrage des deux éditeurs dans le monde de l'enfance et de l'éducation apparait peu dans les discours. Aucun des deux n'évoque les questions d'apprentissage, cherchant plutôt à les mettre à distance, mais sans pour autant mettre en avant leur connaissance de l'enfant, et encore moins construire un discours le valorisant.

Les autres acteurs sont passés par des formations plus directement en lien avec leur activité, telles que les parcours « métiers du livre et de l'édition » pour presque toute l'équipe éditoriale ou des écoles d'illustration pour les illustratrices, mais ces itinéraires ne concourent manifestement pas à inscrire l'enfant dans le processus de conception. Comme l'expliquent à la fois le directeur en évoquant les formations qu'il assure lui-même et une des illustratrices, il apparait que dans ces parcours de formation, l'enfant est tout au plus abordé comme une « cible », et jamais plus précisément évoqué dans ses dimensions ou caractéristiques psychologiques, sociales ou culturelles.

Les échanges informels entre professionnels constituent en revanche une ressource importante, que ce soit « en salon [...] en voyant les autres auteurs illustrateurs, en faisant des tables rondes, [...], en écoutant ce que disent les autres » (B., illustratrice) ou plus spécifiquement dans les échanges entre éditeurs et créateurs autour d'un ouvrage. Cependant, là aussi, l'enfant n'est pas au centre des réflexions ; il reste toujours en arrière-plan de savoirs et discussions qui se concentrent sur le livre lui-même, même si la spécificité de la cible enfantine peut être discutée.

Dans ce processus où aucun des acteurs n'avance (ou n'affiche) explicitement de connaissances, chacun semble se fier aux compétences et connaissances supposées de l'autre, dans une sorte de jeu de relai. L'éditeur est perçu comme celui qui « sait cerner l'objet qu'il a à vendre » (F., illustratrice), d'autant plus qu'« il y a forcément un côté de formation de l'enfance dans sa façon de travailler » (B., illustratrice). Inversement, les auteures et illustratrices sont identifiées et appréciées par les éditeurs pour leurs connaissances plus directes et plus précises de l'enfant, quoiqu'elles disent en entretien ne pas en avoir et disposer des mêmes ressources qu'eux.

Dans ce contexte, on saisit malgré tout au fil de l'enquête l'importance que prennent les expériences de chacun pour appréhender l'enfant et ses caractéristiques. Les références à une expérience professionnelle en lien avec l'enfant, fussent-elles très indirectes, sont soulignées par les éditeurs, par exemple à propos d'une auteure « mariée avec un pédopsychiatre qui connaît très bien les petits ». Mais ce sont surtout les créatrices qui mettent en avant la ressource que constituent pour eux les rencontres avec les enfants dans le cadre de leurs activités d'auteure ou d'illustratrice lors de salons ou d'animations dans le cadre scolaire. Elles leur permettent de saisir des caractéristiques mais aussi parfois des compétences très précises des enfants. Contrairement aux discours des éditeurs qui évoquent « la cible » de façon très vague, ces connaissances sont ici régulièrement mises en lien avec l'âge, pour « savoir ce qu'est un enfant de trois ans, ce qu'est un enfant de cinq ans, ce qu'est un enfant de dix ans, et comment il réfléchit » (F., illustratrice).

Cependant, l'expérience que les créatrices mettent le plus souvent en avant est celle de parent, en l'occurrence celle de mère. C'est parfois pour ces professionnelles la première rencontre directe avec un enfant, et c'est aussi le lieu où elles ont parfois « découvert » la littérature de jeunesse, ce domaine au sein duquel elles se sont insérées professionnellement sans toujours en avoir fait l'expérience dans leur propre enfance.

> Quand j'ai eu mon premier enfant, je crois que c'est la première fois où je rencontre l'enfance. Enfin, les enfants. [...] Je savais pas comment ça marchait dans la tête d'un enfant. J'ai appris, j'ai appris évidemment. [...]. Donc du coup, ma formation elle est venue avec ma vie, en fait. Mais pas à l'école. [...] Alors là, pour le coup, en parallèle, [...] j'achetais beaucoup de livres, enfin j'ai acheté beaucoup de livres, [...], j'ai connu la littérature jeunesse par ce biais-là (B., illustratrice).

Leurs enfants ne sont toutefois pas des ressources directes qui leur serviraient à tester leurs créations, mais les créatrices s'inspirent des observations et des échanges informels qu'elles ont avec eux pour se construire des repères pratiques sur leurs compétences et leurs modes de fonctionnement psychique, et pour saisir leurs centres d'intérêt.

> En écrivant ça, je pense à ma fille S., qui a 5 ans, pour avoir un enfant réel. Forcément je me dis « qu'est-ce que je dirais à S. pour cet âge », et si j'écris pour 9 ans « qu'est-ce que je dirais à J. ? » Mais ça c'est pour me souvenir de ce qu'ils savent à ce moment-là et la psychologie. [...] On répond à ce que nous, nos gamins ils nous demandent. Parce que nos gamins ils nous le demandent « Mais pourquoi maman, pourquoi, pourquoi ? ». On les entend quand même nos petites voix, « pourquoi, pourquoi ? ». On entend nos gamins... » (P., auteure).

Aussi importante soit-elle, l'expérience avec ses propres enfants n'est pourtant jamais évoquée dans les échanges. Aucune des auteures ou illustratrices ne l'a jamais valorisée auprès des éditeurs, qui eux-mêmes n'y font pas référence alors que, comme on l'a vu, ils disent s'appuyer sur cette expertise. L'occultation est telle que l'éditrice passe elle-même totalement sous silence son statut et ses propres expériences de mère de famille, comme si ces expériences relevaient d'une sorte d'amateurisme qui les rend illégitimes. Mais, la réalité est manifestement plus ambivalente et cette expertise issue des expériences personnelles et familiales ressurgit de temps à autre à la fois masquée et recherchée.

> En fait, jusqu'à maintenant, je pensais ça, que ça n'avait rien à voir, d'avoir des enfants. Mais maintenant, avec un peu de recul, je me dis, dans le regard des éditeurs, maintenant, les gens nous disent beaucoup… Souvent on voulait le cacher, et souvent on nous dit « Je vous l'apprends pas, vous le savez… » On nous écoute aussi parce qu'on a des enfants. Et finalement, maintenant, je me dis « Oui, c'est quand même, c'est vrai que j'ai des enfants de 18 ans à 16 mois ». Quand on a un rendez-vous pour faire un livre de 18 mois-3 ans, je vois bien que B. [son enfant] ça fait un bon mémo… et comme on a des enfants d'âges décalés (rires), on a quand même un panel de douze enfants [à nous deux]… […] En tous cas, les éditeurs nous renvoient vachement que c'est important. Ils nous demandent tout le temps (A., auteure).

Directement en lien avec cette expérience familiale, la propre enfance et ses souvenirs apparaissent aussi comme une source d'inspiration importante pour les créateurs et les éditeurs, même si là aussi rien ne transparaît dans les échanges au cours de la conception.

Des représentations de l'enfant en tension

Dans ce processus où l'enfant semble mis à la marge à de multiples reprises et à différents niveaux, il n'est pas non plus aisé de percevoir les représentations sociales mobilisées finalement dans les ouvrages. L'absence de classement d'âge tend à unifier la représentation de l'enfant. Si comme montré précédemment, il y a bien quelques repères de grandeur qui apparaissent, ils sont présentés et pensés comme des marqueurs d'une évolution, de changements et non comme des étapes. Et en tout état de cause, l'idée d'un développement de l'enfant ou de grandissement ne semble pas être un enjeu de la conception, comme l'indiquent d'une part l'absence de toute question ou référence explicite à la psychologie des enfants et d'autre part le refus des catégorisations d'âges des ouvrages de la part des éditeurs. L'enfant n'est pas perçu comme un être moindre par rapport à l'adulte : « On traite l'enfant aussi comme si c'était un adulte » (D., éditrice albums). Cette uniformité de l'enfance conduit à ne pas en faire une catégorie sociale distincte, en particulier par rapport à celle des adultes, ce qui est en soi une manière de produire des représentations sur l'enfance.

> C'est pour ça que je n'aime pas les catégorisations d'âges parce que je lis des livres, avec ma fille de 2 ans, qui ne sont pas du tout pour 2 ans, pourtant elle tient les quarante pages, très concentrée, elle adore ces livres, elle me les redemande alors qu'*a priori*, ce n'est pas fait pour son âge donc ça ne veut pas dire grand-chose (D., éditrice albums).

Dans ce contexte, l'enfant apparaît toujours comme un lecteur compétent qui a les capacités de décoder les propositions de chaque livre : « Est-ce que l'enfant est vraiment sensible ? Est-ce qu'il rentre vraiment dans l'image ? Moi je pense que oui » (D., éditrice albums). Transparaissent ainsi à la fois une certaine uniformité de l'enfance et une multiplicité qui renvoie à l'individualité de chacun dans son appréhension des différents aspects de l'ouvrage.

> C'est un album qu'on a positionné plutôt pour les sept-huit ans mais j'ai entendu des gens qui ont des petits, qui adorent cet album parce qu'elle a créé plein de petits personnages que tu suis de page en page, que tu retrouves à différents moments, qui se sont déplacés (D., éditrice albums).

La politique éditoriale est ainsi fondée sur une confiance en l'enfant quant à ses capacités de lecture, de réception, mais aussi de choix. Cette valorisation des compétences de l'enfant est encore renforcée par le souci d'esthétique que défendent les différents acteurs de la conception. Les orientations de la maison d'édition montrent une intention forte de proposer du rêve, du beau, du merveilleux. « Je fais des livres comme on jardine ou comme on cuisine, c'est-à-dire que ce doit être beau, bon et bien présenté » (T., directeur), avec « le respect de l'enfant, de lui offrir de belles choses », nous dit l'une des auteures. Avec le souci de surprendre et de faire plaisir, l'enfant redevient cet enfant poète, curieux, imaginatif qui renvoie à la représentation de l'enfant artiste qui a marqué les années 1970 (Chamboredon et Fabiani, 1977).

Mais, dans cette vision positive et valorisante de l'enfant qui rappelle celle du romantisme (Brougère, 1998), transparait malgré tout une notion de transmission qui est un des marqueurs forts de la position de l'enfance par rapport au monde adulte : « Si on peut définir nos motivations profondes, c'est vraiment [en] un la transmission. […] On est toujours dans nos livres à porter quelque chose qui nous tient à cœur » (P., auteure). Apparaissent parfois des traces des parcours d'éducateurs ou du statut de mère ou père de famille des acteurs interrogés : « J'ai toujours pensé que justement le jardin et la cuisine étaient des apprentissages hyper intéressants pour les enfants pour leur construction » (T., directeur).

Mais les discours révèlent toute la tension entre cette conception plus éducative de l'enfant et les représentations véhiculées par ailleurs. On note en particulier une certaine distance avec le terme apprentissage qui reste « entre guillemets » (T., directeur). Si éducation et apprentissage il y a, la perspective renvoie à la dimension sensible de l'enfant, avec des créations qui visent « justement, [à] développer le goût, les sens quoi » (T., directeur) pour construire l'être social.

Conclusion

L'absence apparente de l'enfance tout au long de la conception des albums au sein de cette maison d'édition est donc finalement congruente avec les représentations sociales de l'enfance qui apparaissent en filigrane. Le refus de distinguer enfants et adultes, la focalisation sur l'aspect esthétique et la dimension sensible au détriment des adaptations en fonction de l'âge des lecteurs, le souci de surprendre et de partager plus fort que toute perspective d'apprentissage, tout converge pour éviter de cibler l'enfant de façon spécifique et par là-même de l'intégrer directement dans le processus de conception des ouvrages. L'enquête révèle ainsi que pour cet éditeur la question de l'adressage ne se pose ni davantage ni différemment pour les livres destinés aux enfants que pour d'autres ouvrages.

L'édition jeunesse, ou tout au moins ses petits éditeurs qui revendiquent un catalogue original et de qualité, vise manifestement à se construire sur la même forme que l'édition littéraire ou artistique en ouvrant sur des univers culturels divers, sans chercher à cibler un public précis ou à délivrer un message adapté, voire normatif. Difficile toutefois de savoir dans cette construction comment s'articulent représentations et pratiques. On peut penser que la politique et les réalités éditoriales sont guidées par des représentations de l'enfant qui ne sont jamais évoquées ou discutées, bien qu'elles s'inscrivent et traversent les pratiques quotidiennes en guidant de nombreux choix. Mais, dans le même temps, il est vraisemblable que ces formes d'humanisme ou d'éthique défendues par cette frange de l'édition jeunesse se soient suffisamment sédimentées, au point d'affecter en retour les pratiques et les choix des acteurs. C'est une invitation à poursuivre l'exploration des processus de conception dans ce milieu et à élargir l'analyse à d'autres éditeurs.

Bibliographie

Arléo, A. & Delalande, J. (dir.) (2011), *Cultures enfantines : universalité et diversité*, Rennes, Presses Universitaires de Rennes.

Bergonnier-Dupuy, G. (dir.) (2005), *L'enfant, acteur et/ou sujet au sein de la famille*, Paris, Éres.

Bonnéry, S. (2015), « Des livres pour enfants. De la table de chevet au coin lecture », in P. Rayou (dir.), *Les nouvelles frontières de l'école*, Saint-Denis, Presses Universitaires de Vincennes, p. 193-214.

Boulaire, C., Hervouët, C. & Letourneux, M. (dir.) (2010), *L'avenir du livre pour la jeunesse, Actes du colloque organisé à la Bibliothèque nationale de France, le 26 novembre 2009*, Paris, Bibliothèque nationale de France/ CNLJ.

Brougère, G. (1998), *Dépendance et autonomie. Représentations et place de l'enfant dans les sociétés contemporaines*, Office franco-allemand pour la jeunesse, Collection Textes de travail n° 17, https://www.ofaj.org/resources/flipbooks/texte-de-travail_17/index.html#1.

Buckingham, D. (2011), *The Material Child: Growing up in Consumer Culture*, Cambridge, Polity Press.

Chabault, V. (2017), « L'idéal de métier des libraires spécialisés en littérature jeunesse », *La nouvelle revue du travail*, 10, http://journals.openedition.org/nrt/3118.

Chabrol Gagne, N. (2011), *Filles d'albums : les représentations du féminin dans l'album*, Le Puy-en-Velay, L'atelier du poisson soluble.

Chamboredon, J.-C. & Fabiani, J.-L. (1977), « Les albums pour enfants [Le champ de l'édition et les définitions sociales de l'enfance- 1] », *Actes de la recherche en Sciences Sociales*, n° 13 (1), p. 60-79.

Cochoy, F. (2004), « La captation des publics, entre dispositifs et dispositions, ou le petit chaperon rouge revisité », in F. Cochoy (dir.), *La captation des publics : C'est pour mieux te séduire mon client…*, Toulouse, Presses Universitaires du Mirail, p. 11-68.

Connan-Pintado, C. & Béhotéguy, G. (dir.) (2014), *Être une fille, un garçon dans la littérature pour la jeunesse : France, 1945-2012*, Bordeaux, Presses Universitaires de Bordeaux.

Cook, D.T. (2004), *The Commodification of Childhood*, Durham, Duke University Press.

Donnat, O. (2009), *Les pratiques culturelles des Français à l'ère du numérique : Enquête 2008*, Paris, Ministère de la Culture et de la Communication/La Découverte.

Frier, C. (dir.) (2006), *Passeurs de lecture : lire ensemble à l'école et à la maison*, Paris, Retz.

Garnier, P. (2012), « La culture matérielle enfantine : catégorisation et performativité des objets », *Strenæ*, n° 4, http://journals.openedition.org/strenae/761.

Garnier, P. (2015), « L'"agency" des enfants. Projet scientifique et politique des "childhood studies" », *Éducation et société*, n° 36 (2), p. 159-173.

Korach, D. & Le Bail, S. (2014), *Éditer pour la jeunesse*, Paris, Le Cercle de la librairie.

Lahire, B. (2006), *La condition littéraire : la double vie des écrivains*, Paris, La Découverte.

Les clients de la librairie indépendante. (2013), Rapport d'étude pour le Syndicat de la librairie française, réalisé par L'Observatoire société et consommation.

Litaudon, M.-P. (dir.) (2016), « La collection, fabrique éditoriale des œuvres pour la jeunesse : apport des archives », *Strenæ*, n° 11 http://journals.openedition.org/strenae/1591.

Manson, M. (2011), « Les livres pour petits enfants du XVIIIe siècle au XIXe siècle : les bébés rajeunissent », in S. Rayna & O. Baudelot (dir.), *On ne lit pas tout seul ! : Lectures et petite enfance*, Toulouse, Érès, p. 123-141.

Mietkiewicz, M.C. & Schneider, B. (dir.) (2013), *Les enfants dans les livres*, Toulouse, Érès.

Montmasson, D. (2015), « La réception de la littérature de jeunesse : du lecteur supposé aux lecteurs réels », *Recherches en éducation*, n° 7, hors-série, p. 135-145, http://www.recherches-en-education.net/IMG/pdf/REE-HS-7.pdf.

Nières-Chevrel, I. (2003), « François Ruy-Vidal et la révolution de l'album pour enfants dans les années 1970 », in A. Renonciat (dir.), *L'image pour enfants : pratiques, normes, discours*, Poitiers, La Licorne, p. 251-263.

Nières-Chevrel, I. (2009), *Introduction à la littérature de jeunesse*, Paris, Didier jeunesse.

Octobre, S. (2004), *Les loisirs culturels des 6-14 ans*, Paris, Ministère de la Culture et de la Communication/La Découverte.

Octobre, S. (2010), *Enfance et culture*, Paris, Ministère de la Culture et de la Communication/La Découverte.

Octobre, S. & Sirota, R. (dir.) (2013), « L'enfance au prisme de la culture : approches internationales », in S. Octobre & R. Sirota (dir.), *L'enfant et ses cultures : Approches internationales*, Paris, Ministère de la Culture et de la Communication/La Documentation française, p. 17-31.

Renard, F. (2011), *Les lycéens et la lecture : entre habitudes et sollicitations*, Rennes, Presses Universitaires de Rennes.

Sirota, R. (2005), « Le brouillage des frontières d'âges », in I. Nières-Chevrel (dir.), *Littérature de jeunesse, incertaines frontières*, Paris, Gallimard, p. 52-63.

Sirota, R. (coord.) (2015), « Entre enfants et parents : La socialisation dans l'espace quotidien de la famille », *La revue internationale de l'éducation familiale*, n° 37 (1).

Adresser une bande dessinée aux jeunes enfants : le cas *Petit Poilu*

Gilles Brougère

Experice, Université Paris 13-Sorbonne Paris Cité

Cherchant à analyser la conception d'un produit destiné aux jeunes enfants, le hasard nous a conduit à rencontrer *Petit Poilu* dont l'éditrice, que nous remercions chaleureusement, a rendu possible cette recherche. J'ai ainsi pu accéder sans aucune restriction à toutes les personnes engagées dans la production de la bande dessinée, des produits dérivés, puis du dessin animé dont une première saison est aujourd'hui achevée et diffusée. Je remercie également toutes les personnes qui ont accepté de me recevoir avec générosité. Ce chapitre traite les données concernant la bande dessinée et les quelques produits dérivés antérieurs à la production du dessin animé ; d'autres publications rendront compte de la conception du dessin animé. Cette analyse s'appuie sur la lecture des albums et des différents objets associés, une recherche documentaire et des entretiens approfondis avec les différentes parties prenantes.

Les personnes rencontrées sont pour partie salariées de l'éditeur Dupuis dont le siège est à Marcinelle (près de Charleroi en Belgique) : il s'agit de l'éditrice et d'une graphiste, de personnes qui s'occupent des produits destinés au club Spip[1] (uniquement du côté conception et aspect graphique), et d'une personne qui conçoit les sites internet de l'éditeur. Dupuis appartient depuis 2004 au groupe français Media Participations qui est également propriétaire d'un de ses principaux concurrents historiques, Dargaud. C'est dans les locaux de Media Participations, à Paris, qu'ont été interrogées les personnes qui s'occupent du marketing et de la diffusion tant des albums que du club Spip. C'est également dans une structure parisienne de Media Participations, chargée de l'audiovisuel qu'a été rencontrée la responsable du premier projet de dessin animé.

[1] Il s'agit d'un des clubs de l'éditeur Dupuis qui propose aux enfants abonnés des cadeaux. Voir http://www.spirou.com/family/index.php.

Les auteurs (la scénariste et le dessinateur) qui travaillent également pour d'autres éditeurs ont fait l'objet, ensemble, de deux entretiens. Les autres personnes rencontrées (un enseignant détaché au sein d'un CRDP[2], aujourd'hui réseau Canopé, et des bibliothécaires d'une médiathèque accueillant l'exposition *Petit Poilu*) sont indépendantes de l'éditeur, même si le premier y joue un rôle de consultant pédagogique informel.

À travers l'adressage au jeune enfant il s'agit dans ce chapitre de mettre en évidence un certain nombre de tensions relatives à la conception de produits culturels destinés aux enfants. Après une présentation générale du produit, nous analyserons la question de l'adressage de la bande dessinée aux enfants puis nous traiterons différentes tensions liées à cet adressage.

Petit Poilu, une bande dessinée adressée aux jeunes enfants

Petit Poilu est une bande dessinée muette, c'est-à-dire sans texte, de Pierre Bailly (dessin) et Céline Fraipont (scénario), éditée par Dupuis et destinée principalement aux enfants de 3 à 6 ans qui ne savent pas encore lire. Cependant les auteurs ne souhaitent pas s'enfermer dans ce qu'ils estiment être un carcan et voient un public potentiel plus large ; ils ont ainsi demandé et obtenu la suppression de la mention de l'âge sur les albums, refusant ainsi un ciblage explicite et réduit. L'adressage au jeune enfant (préscolaire) est malgré tout une caractéristique du produit qui vient redoubler mais aussi décaler le destinataire de la bande dessinée. Le discours légitime aujourd'hui concernant la bande dessinée insiste sur le fait qu'il ne s'agit pas seulement d'un produit destiné aux enfants mais tout autant aux adultes, ce qui correspond à la réalité d'une production dont une partie s'adresse aux adultes. Reste que malgré le rôle historique du lectorat adulte et son développement contemporain avec de nouvelles formes de bandes dessinées tel le roman graphique (Groensteen, 2006 ; Morgan, 2003), la relation à l'enfant au sens large (adolescent compris) reste essentielle. Et comme le souligne Morgan (2003, p. 59) :

> En France et en Belgique, c'est le public enfantin qui définit le concept de BD. La forme canonique de la BD ne laisse pas de doute à cet égard : ses caractéristiques (grand format, couvertures rigides, couleurs), son nom même (l'album) accusent son origine qui est le livre d'images pour enfants.

[2] Centre régional de documentation pédagogique.

Et un peu plus loin dans le même ouvrage, mettant en évidence une spécificité de notre aire culturelle :

> Chaque aire culturelle possède une forme canonique de bande dessinée qui se trouve être, dans le cas de la bande dessinée franco-belge, celle des hebdomadaires pour la jeunesse. Pour les auteurs francophones, l'association de la BD avec l'enfance est donc une donnée d'évidence. Il se trouve que, pour diverses raisons, ce caractère enfantin a été étendu par ses premiers vulgarisateurs au *strip* américain lui-même (Morgan, 2003, p. 158).

Le lien de la bande dessinée avec l'enfance est donc fort et s'affirme comme tel, indépendamment d'une réalité plus complexe avec une diversité de destinataires potentiels : « Au total, pourtant, la BD reste un phénomène "jeune", le plus gros contingent de lecteurs ayant moins de 19 ans, elle n'a pas coupé le lien avec l'enfance et reste en cela affligée d'une tare sociale » (Maigret, 1994, p. 119).

Evans (2015, p. 43) en présentant les résultats d'une enquête sur le lectorat des bandes dessinées souligne que ceux-ci « montrent bien cette tension entre enfance et âge adulte : 76 % de la population a lu de la bande dessinée étant enfant, mais moins de la moitié de cette proportion (32 %) a poursuivi cette lecture à l'âge adulte[3] ». C'est même selon Aquatias cette association de la bande dessinée avec l'enfance qui peut conduire à en abandonner la consommation :

> Autrement dit, à l'adolescence, il est fort probable qu'un nombre non négligeable de jeunes lecteurs arrêtent de lire des bandes dessinées simplement parce qu'ils pensent qu'elles ne sont plus de leur âge ou, plus cyniquement, pour bien montrer qu'ils ont grandi (Aquatias, 2015, p. 56).

Enfin d'autres contributions de l'ouvrage dirigé par Benoît Berthou (2015) soulignent l'insertion chez les plus jeunes de l'enquête de la bande dessinée dans une culture de l'image, avec la relation entre consommations

---

[3] On trouvera une présentation de cette enquête menée en 2011 par la BPI et le DEPS auprès de 4 981 personnes et réalisée par TMO Régions, dans le compte rendu de Christophe Evans et Françoise Gaudet (2012) : « Selon les parents interrogés, 76 % des enfants de 7 à 10 ans ont lu au moins une bande dessinée au cours de l'année, ce qui indique le niveau élevé de la bande dessinée à cet âge, même s'il reste inférieur à celui des 11-14 ans » (p. 3). Ce dernier âge constitue l'acmé avec 90 % de lecteurs à 11 ans, puis une décroissance, 50 % de lecteurs à 15 ans et 35 % à 18 ans. Cependant seuls 40 % des personnes interrogées étaient d'accord avec l'assertion « Les bandes dessinées sont surtout faites pour les enfants et les jeunes » (p. 3). Il n'y a pas de chiffres pour les plus jeunes enfants, ceux qui nous intéressent tout particulièrement dans le cadre de ce chapitre.

de bandes dessinées, de films et de jeux vidéo. Cela définit le terrain d'une circulation possible des personnages et des univers au sein des produits culturels qui s'appuient sur l'image qu'elle soit animée ou non, en volume ou non, interactive ou non. Il est donc légitime à la fois de s'intéresser à une bande dessinée comme un des produits culturels destinés à l'enfant et à la circulation sur différents supports des contenus de cette bande dessinée, en particulier de son personnage éponyme, Petit Poilu.

Depuis 2007, vingt et un albums ont été publiés sur un rythme de deux nouveaux albums par an. Leur apparence extérieure (format, couverture cartonnée, mise en page) renvoie à la bande dessinée franco-belge dans laquelle elle s'inscrit tout d'abord par son éditeur, acteur historique et éditeur du *Journal de Spirou*. Son dessinateur a également dessiné la série (arrêtée) *Ludo* pour le même éditeur, destinée plutôt aux pré-adolescents, le cœur de cible de la bande dessinée (Evans, 2015) comme nous l'avons évoqué ci-dessus. Les activités de Pierre Bailly (autres séries ou albums, roman graphique *Le muret* chez Casterman avec la même scénariste, enseignement) l'inscrivent dans le monde de la bande dessinée. Cependant il n'est en rien « spécialiste » de la BD pour jeunes enfants. Son œuvre antérieure à *Petit Poilu* s'adresse à des publics d'âges différents, du préadolescent à l'adulte. Certains albums (*Agadamgorodok* ou *La saison des anguilles*) apparaissent comme explicitement destinés aux adultes, aussi bien au niveau du thème que par la présence de scènes de sexe. On peut ainsi repérer dans ces albums des éléments d'adressage adulte.

En cohérence avec cette expérience, *Petit Poilu* s'inscrit de façon claire dans la logique de la bande dessinée sur une matrice simple (un gaufrier) de six cases par page, nettement séparées par un espace. Chaque album (à l'exception du premier plus long de deux pages) compte vingt-huit pages soit l'équivalent de quatre-vingts cases. Le code de base de la BD avec son mode de lecture est parfaitement respecté. On peut cependant mettre en évidence l'importance des vignettes plus grandes qui s'étendent sur l'équivalent de deux, quatre ou six cases (soit une page) : selon les albums de 11 % à 62 % des cases sont fusionnées, la moyenne se situant à 31 %, les deux premiers albums ayant les scores les plus importants. Pour les auteurs, ces vignettes fusionnées sont « au service de l'histoire », les panoramas ayant pour fonction de présenter un univers qui diffère pour chaque album. On peut remarquer que ces grandes images conduisent à un rapprochement avec les images des albums de jeunesse, renforçant la relation au destinataire. Cependant l'hétérogénéité de la taille des vignettes fait partie de l'histoire et des moyens graphiques de la bande dessinée (Groensteen, 2011).

Chaque album raconte une histoire qui commence et se termine toujours de la même façon, par une page de départ et une page de retour avec les mêmes actions : se lever, se laver ou aller aux toilettes, manger, embrasser sa mère (ou dans un cas son père), partir en disant au revoir pour la première page ; embrasser, se laver, manger, se coucher, retrouver un souvenir de l'aventure dans son sac à dos, et enfin dormir pour la dernière page. Si l'histoire est identique, les images sont différentes et apparaissent comme des variations (que les enfants peuvent s'amuser à traquer) sur le même scénario. Entre ces parenthèses d'ouverture et de fermeture, Petit Poilu vit une aventure largement onirique à partir d'un dispositif chaque fois différent de passage dans un monde autre (par exemple dans l'album n° 16, une tempête le fait voler pour le laisser sans conscience dans la neige où il est pris en charge sur une luge par des marmottes ou bien dans le n° 11, il croise un nuage qui lui donne un rhume et entre alors dans un ascenseur avec des yeux qui le conduit à l'hôpital des docteurs Toc-Toc), qui lui permet de rencontrer des personnages chaque fois différents, puis de se trouver dans une situation pénible (de relative mise en danger ou de tension avec un autre personnage), ce qui le pousse à sortir systématiquement de son sac une photo le montrant avec sa mère et qui précède le moment de la résolution du problème. Ce qui caractérise ces aventures, c'est d'une part une créativité graphique et scénaristique, dans la mesure où chaque histoire est différente et renvoie à un univers et à un thème spécifiques, d'autre part l'importance donnée aux rencontres, symbolisées par des poignées de main, à l'exploration et la découverte.

Le personnage est toujours identique avec son vêtement (une barboteuse verte), son sac à dos, et est très expressif (geste, bouche et poils sur la tête), ce qui est une façon de remplacer les bulles. On peut considérer que le personnage et son univers complexe (car mouvant, renvoyant à une multitude de références) constituent « une plateforme créative » pour reprendre l'expression de Ian Condry (2013) à propos des *anime* japonais. Si les cadres de la bande dessinée sont respectés, les différents éléments que nous avons évoqués témoignent de la volonté de s'adresser à des enfants plus jeunes que le lectorat usuel de celle-là.

Une conception dominée par la position d'auteur

Un premier élément essentiel, qui apparaît nettement aussi bien dans différentes mises en scènes promotionnelles (par exemple sur le site internet consacré au personnage) que dans le discours des auteurs, c'est le sérieux d'une conception. Celle-ci représente un travail important qui peut apparaître invisible derrière la simplicité recherchée de la narration et du dessin.

Cela concerne d'abord la scénarisation réalisée par Céline Fraipont (CF) en tenant compte du fait que l'histoire doit être comprise par de jeunes enfants. Mais ce travail se fait dans une logique de collaboration constante et d'échanges entre scénariste et dessinateur :

> On a mis en place une manière de discuter des histoires et de la mise en scène qui fait qu'à partir du moment où on s'est mis à écrire des histoires, on savait de quoi on parlait parce qu'on avait des références communes, on avait discuté d'une forme d'analyse (CF).

Il s'agit d'un travail coopératif basé sur la discussion : « On travaille en duo et on a vraiment des rôles très complémentaires ». Les caractéristiques fortes du scénario sont posées depuis le début, d'où la cohérence entre les albums. Dès le projet Céline explique à Pierre (Bailly – PB) le cadre :

> Quand elle m'a parlé du projet, elle m'a dit « il y aura toujours, la première page sera la même, la dernière sera la même, entre les deux tout est possible et il y aura juste un moment dans l'histoire où il va sortir la photo de sa maman » [...] Ce sont vraiment les trois éléments qui étaient à la base dans le concept (PB).

Derrière l'histoire il y a une matrice, une trame, un concept qui donne corps et force à la série d'albums. Et chaque histoire est également centrée autour d'une idée, ce qui conduit à lui donner une tonalité spécifique, comme la rencontre d'un vampire en mauvais état ou de son double à travers une marionnette. Ainsi la conception commence par le projet de couverture de façon à donner une tonalité graphique à l'ensemble.

La conception rigoureuse fait que d'emblée l'histoire est racontée case par case et quand les mots ne permettent pas de décrire un élément de l'histoire, la scénariste propose un dessin. Il s'agit d'un véritable storyboard. À partir de cette première esquisse, l'histoire peut être reprise en modifiant si nécessaire l'ordre et le contenu des cases : « Voilà, par exemple je me dis "là, ça ne va pas, ça ne raconte rien, c'est inutile..." » (CF). Il y a un travail collaboratif complexe qui implique des allers et retours entre scénariste et dessinateur : « C'est vraiment un travail de montage, un peu comme en cinéma ». Mais c'est le sentiment que ça fonctionne qui permet de considérer que le travail est achevé : « C'est très *intuitif.* Dans la manière de concevoir, c'est super intuitif, dans le sens où on retravaille l'histoire tant qu'on a l'impression que ça ne fonctionne pas pour nous » (CF).

Les auteurs apparaissent ainsi comme maîtrisant leur œuvre sans pressions extérieures pour l'adapter à un public visé. La conception révèle un travail d'auteur dans la logique de la bande dessinée qui implique souvent la collaboration entre un scénariste et un dessinateur. Pierre Bailly s'est toujours limité au dessin et a travaillé avec différents scénaristes. Mais ce duo qui se présente comme coopératif, travaillant dans un échange permanent (et non dans une division qui isolerait les deux étapes, scénario et dessin, sans échange), fait que chacun assume non seulement sa partie (scénario ou dessin), mais l'ensemble, le produit final à travers un auteur collectif.

Un autre élément important et qui renvoie sans doute à la spécificité de la bande dessinée est la prise en compte de l'aspect matériel de l'œuvre, en particulier en ce qui concerne la page :

> Quand on a mis en place le premier album, on a fait des tests avec 1 cm, 8 mm, 6 mm, 4 mm[4]. Puis on s'est dit : de quelle manière peut-on proposer une histoire pour que chaque image soit isolée des autres tout en restant dans la continuité ? Donc on a choisi cet espace-là de manière empirique (PB).

Si l'autorat est assumé, le produit suppose un retour de l'éditrice dont le rôle renvoie à l'adéquation au public :

> Donc L. lit cette version, elle nous fait un retour en disant « là, il y a un truc, je n'ai pas compris ce que vous avez voulu faire », ça arrive parfois. Ou elle fait des remarques sur l'histoire, on en rediscute si on n'est pas tout à fait d'accord, etc. Ça s'est passé notamment pour le dernier, qui n'est pas encore sorti[5] mais elle était un peu perplexe par rapport à l'histoire parce que c'est une histoire un peu particulière. C'était un peu introspectif, comme ça. Donc j'ai envoyé l'histoire à un instituteur primaire [...] qui est aussi chroniqueur jeunesse (CF).

Le rôle de l'éditrice est en partie lié à la spécificité du public : « Elle remet rarement en cause ce qu'on raconte, elle remet en cause la manière de le transmettre, pour être sûre que le message passe » (CF). Ce n'est qu'après cette phase scénaristique mais à laquelle le dessinateur a collaboré que celui-ci intervient de façon centrale :

[4] Il s'agit de l'espace séparant chaque vignette des autres.

[5] Il s'agit du n° 17 sorti depuis cet entretien en juin 2015 et qui pose la question de l'identité face à une marionnette qui reproduit l'image et les réactions de Petit Poilu.

Après, quand elle a validé l'histoire, Pierre reprend tout ça et là, c'est crayonné en bonne et due forme sur des pages qui sont très grandes, ce sont de grands formats. Après, il encre ça à la main. Par contre, la mise en couleur est faite sur ordi, et là, toujours, de toute façon, dans l'idée d'être précis, clair, net, qu'il n'y ait pas de débordements de couleurs (CF).

On peut noter que ce style est très différent de celui qui est à l'œuvre dans les albums pour adultes ou dans *Le muret*. Il s'agit bien de développer un style adapté à un univers et un jeune public. Ce travail est ici essentiel puisque l'absence de mots confère une forte importance à l'image.

Si le dessinateur assume une fonction d'auteur, sa vision de la conception n'est pas celle d'un créateur. Il définit le travail comme recyclage. Cela renvoie à certaines caractéristiques de la bande dessinée soulignées par Pomier (2005, p. 129) : une culture des auteurs très centrée sur la BD, une célébration du passé de la BD, l'importance de la parodie et le recyclage de styles antérieurs. Tel est le cas de la conception du personnage qui recycle des personnages préexistants :

PB : Suite à ça, comme je lui ai dit qu'il devait être poilu, je pense que c'est simplement une question de recyclage, c'est-à-dire que ce que j'exprime souvent aux enfants, c'est que j'aime bien, par exemple, Ernest et Bart, qui sont des personnages de *Sesame Street*, où il y en a un comme ça et un comme ça. C'est déjà très proche. Par exemple, le Marsupilami, il a des enfants, dont un qui est noir [Il s'agit de Bobo], qui a aussi une tête comme ça. Les Schtroumpfs, par exemple, ont exactement le même corps que lui. Le corps, c'est vraiment du recyclage de Schtroumpf.

CF : Il y a aussi Barbouille dans les *Barbapapa*, le Barbapapa noir, qui est un peu poilu, il est bien aussi.

Si une partie du recyclage est conscient, ce n'est pas toujours le cas :

J'ai recyclé, esthétiquement tout ce que j'aimais bien et il y a aussi la volonté d'être narratif. Si on prend toutes les formes qui sont possibles et imaginables, la forme la plus sympathique pour un visage, c'est cette forme-là, c'est la forme qu'on a le plus envie de prendre. Donc c'est aussi par élimination, il n'y a pas d'angle. Le fait qu'il ait un nez rouge, on aime bien les clowns, voilà. Le fait qu'il ait des poils, la manière la plus simple, les poils, c'est comme ça, c'est aussi un peu comme un soleil (PB).

Pierre Bailly met en relation sa théorie du recyclage avec ce que les enfants peuvent faire dans leur jeu. Ici le créateur se montre proche de l'enfant autour d'une logique de recyclage qui serait commune aux uns et autres :

> Quand je vais dans des écoles, souvent, quand j'explique le fait de scénariser une histoire, je leur explique qu'eux-mêmes, quand ils jouent aux Playmobil ou avec de petits personnages, ils inventent une histoire et souvent, l'histoire qu'ils inventent, c'est du recyclage. Ils racontent une histoire qui est un mélange de ce qu'ils ont vu la veille ou l'avant-veille et c'est pour leur expliquer qu'eux-mêmes, que l'imagination, ça ne vient pas de nulle part. Je ne crois pas du tout au génie, à la science infuse, tout ça. Pour moi, tous les gens qui racontent des histoires, ce n'est qu'un mélange de leur ressenti et du recyclage. Et le jeu, c'est du recyclage. Ça, c'est très important. Des gens disent « je n'ai pas d'imagination, je ne sais pas dessiner ». Mais non, c'est parce que tu vas te permettre d'aller pomper ça ailleurs et voilà, on se nourrit.

Un exemple de recyclage est donné avec l'album *La forêt des ombres* qui joue avec le personnage du loup : « On a fait un épisode avec le loup, je suis allé rechercher toutes les représentations du loup dans l'histoire du livre jeunesse, par exemple. J'ai dessiné des loups, des loups, des loups… ».

Au-delà du travail de conception des auteurs se déploie le travail des graphistes chez l'éditeur pour des éléments complémentaires de l'album tels que la mise en page matérielle, les pages de titre et de garde, les pages finales. L'intervention de l'éditeur est considérée comme faible et ne remet jamais en question la maîtrise des auteurs. Selon les graphistes :

> Oui, on propose parfois de changer certaines choses, on fait des remarques, mais ce sont eux qui ont généralement la liberté, parfois ils corrigent de petits détails mais ce sont eux qui décident de ce qu'ils veulent ou pas changer mais en gros, généralement, ils maîtrisent tellement bien leur sujet qu'il n'y a pas énormément… C'est vraiment du détail, une correction de couleur par-ci, par-là, l'oubli d'un petit élément, ce genre de choses.

On notera l'entente entre l'éditeur qui représente, pour reprendre l'analyse de Berthou (2010), le pôle industriel et les auteurs, du côté artisanal.

Les multiples voies de l'adressage à l'enfant

L'adresse à l'enfant, à un enfant particulier (qui ne sait pas lire) est fondamentale dans la conception de cette BD. Au début on trouve en effet un destinataire réel, le premier enfant du couple que forment la scénariste et le dessinateur. Céline Fraipont avait cherché une BD pour jeune enfant et n'en avait pas trouvé : « Le déclencheur, c'est l'enfant, en fait, qui arrive et qui du coup, fait qu'on a envie de transmettre des choses qui nous passionnent, c'est ça ».

La question de la transmission est centrale et s'articule à celle du destinataire : transmettre à l'enfant sa passion de la BD en l'adaptant. Cela introduit d'emblée une dimension pédagogique, sur laquelle nous reviendrons, entendue comme transmission : il s'agit d'une BD qui n'est pas conçue comme un produit enfantin, mais un produit où des adultes disent quelque chose à l'enfant ; l'enfant est celui auquel on s'adresse pas le (co-)producteur, même s'il faut comprendre ce qu'il est et ce qu'il fait, ce qu'il aime, comment il joue pour s'adresser à lui. Il s'agit d'assumer dans cette logique de transmission une posture d'auteur.

Les auteurs ont créé un produit destiné à un certain public là où il n'y avait pas d'offre : « Mais vraiment, en BD, il me semblait qu'il y avait un trou, je dirais, à remplir ». S'il s'agit d'une vision de parents et d'auteurs, elle va rencontrer le constat de Dupuis qui lançait la collection Puceron dirigée par Denis Lapierre, également scénariste avec Pierre Bailly d'autres BD. Logique marketing et démarche d'auteurs ont donc été d'emblée étroitement articulées.

Cette collection suivait la création de Punaise, une collection destinée aux très jeunes lecteurs ou lecteurs débutants et dans laquelle était intégrée la série dessinée par Pierre Bailly, *Ludo*. Il s'agissait bien de s'adresser à un public plus jeune plutôt qu'au gros des lecteurs de BD. C'est dans ce cadre que *Petit Poilu*, s'adressant à des lecteurs plus jeunes, ne sachant pas (ou ne souhaitant pas) lire, a conduit à la création d'une collection destinée à cette tranche d'âge, nouveau destinataire d'une bande dessinée marquée historiquement par la présence de textes. Autour de *Petit Poilu* d'autres bandes dessinées sans texte sont entrées dans cette collection qui a été promue avec des résultats contrastés. Ceux-ci ont eu pour conséquence de concentrer les efforts sur la série qui avait reçu le meilleur accueil du public, *Petit Poilu*, ce qui a conduit *de facto* à la disparition de la collection Puceron.

Le principe de *Petit Poilu* consiste donc à partir du média BD et de l'adresser à l'enfant qui ne sait ou ne souhaite pas lire. L'adresse à l'enfant est ici à l'origine même du produit : adapter aux plus jeunes un support qui existe déjà, donc faire en sorte qu'il corresponde à ce que l'on définit comme les contraintes liées à l'adresse à l'enfant. Au-delà, selon Denis Lapierre le directeur de la collection Puceron, « les histoires racontées aux plus jeunes doivent adapter directement le point de vue des enfants, et non celui des adultes » (Grandjonc et Mouillet, 2014, p. 7).

Ce qui définit l'adresse à l'enfant, c'est d'abord la possibilité pour celui-ci de comprendre ce qu'implique une adaptation à ses compétences, c'est-à-dire selon les auteurs « le B.A.-BA de la BD » : « quel trait adopter pour que tout soit extrêmement lisible du premier coup d'œil, qu'il n'y ait aucune équivoque sur les actions, sur ce qui se passe ». L'adresse à l'enfant se traduit par la facilité de lecture :

> Donc on a eu une démarche scénaristique et graphique, où on devait aller vers une manière de représenter les choses pour qu'en un clin d'œil, l'enfant puisse comprendre ce qui se tramait dans une image, presque comme un panneau routier : les personnages marchent toujours de gauche à droite, il y a quelque chose, presque comme dans un jeu vidéo, comme ça. Ça fait en sorte que le langage qu'on a mis en place depuis le début, maintenant, il est super rôdé (CF).

Il s'agit d'utiliser un langage graphique pensé comme quasi universel : « C'est un langage universel qui est sous-utilisé, en fait, qui permettrait parfois de transmettre des informations beaucoup plus fines et beaucoup plus complexes que ce qu'on croit » (PB). Mais c'est aussi prendre parti pour ceux qui définissent la bande dessinée avant tout comme narration graphique, le texte n'étant pas nécessaire : « Dans la bande dessinée l'essentiel de la production de sens s'effectue à travers l'image » (Groensteen, 1999, p. 10). La BD raconte une histoire en images, ce qui semble potentiellement adapté à l'enfant qui ne sait pas lire sous réserve de faire un travail de lisibilité au niveau de ces images.

Cela est rendu possible par l'idée d'un créateur plus proche des enfants que des adultes, qui communique avec les enfants sans les visions déformées des adultes : « Peut-être que nous, on a un esprit très enfantin ». Il s'agit de se mettre à la place de l'enfant, de chercher l'enfant qui est en soi :

> CF : Je ne sais pas mais je pense que quand je me mets dans la création de mon histoire, j'essaie vraiment, du mieux que je peux, en tant qu'adulte, *de me mettre à la place d'un enfant. J'essaie de vraiment aller chercher la partie enfance qui est en moi et qui est très présente*[6]. Il y a peut-être des gens chez qui c'est moins présent, je n'en sais rien mais je le vois bien, quand je joue avec des enfants, je joue facilement avec des enfants. Je me dis que forcément, il doit y avoir une interaction, une communication de par le fait que j'arrive vraiment à me mettre à ce stade de la vie.
>
> PB : Quand je dessine, c'est la même chose. Je pense que c'est peut-être lié à ça.
>
> CF : Je me dis que c'est peut-être là que se fait la connexion. Je crois qu'on arrive à leur parler enfant.

---

[6] C'est nous qui soulignons.

On voit ainsi comment s'articulent la dimension d'auteur et l'adresse, en étant soi-même quelque part un enfant. Si le produit est fait par des adultes, il est fait pas des « adultes-enfants », serait comme une culture produite par des enfants (des adultes-enfants) pour des enfants. Il s'agit ici de réduire le hiatus entre enfants et adultes à partir de leur vision de ce qu'ils sont en tant que « toujours enfants ».

Dans cette logique, Pierre Bailly propose une théorie des âges de la vie pensés comme des moments d'une journée, qu'il dessine en même temps qu'il nous l'expose :

> Je pense aussi qu'on vit dans un monde où on est enfant, puis on est ado, puis on est adulte et on est obligé de rester adulte alors que moi, j'ai une conception du monde où je ne me sens pas adulte ou enfant ou adolescent, il y a juste qu'il y a des moments dans l'année, dans la semaine ou dans la journée où je suis plus comme un enfant ou plus comme un adulte ou plus comme un adolescent, mais c'est l'un ou l'autre et ça se succède, comme ça. [...] Le fait de faire ce métier-là, ce n'est pas par hasard. Le fait d'être toujours aussi intéressé par le monde de l'enfance en termes de création... Quand je vais au cinéma, je vais voir peut-être même plus de films pour enfants que de films pour adultes.

On peut mettre cette conception des âges en relation avec le fait que Pierre Bailly s'est adressé, selon les œuvres, à des adultes, des adolescents ou des enfants de différents âges. Le métier, dessinateur de BD, permet de rester enfant ou est exercé parce que l'on est resté enfant, l'âge n'étant pas une « question d'âge ». Pierre Bailly développe ainsi une vision qui brouille les âges ou qui désolidarise la question de l'âge (culturel) de celle de l'âge (de l'état civil) :

> Il y a des gosses qui sont déjà très sexués, d'autres qui ne le sont pas, il y a des ados qui ne le sont pas du tout, il y a des adultes qui sont très enfantins, tout est très... Les ensembles se mélangent, comme ça, j'ai l'impression [...] c'est qu'on a la capacité de se mettre à leur place. [...] Il y a très peu d'ego dans la manière de présenter les choses. C'est très plat, en fait. Le travail se trouve ailleurs, il se trouve vraiment dans la conception.

Le créateur renvoie également à l'enfant qu'il a été : « La société a changé et nos enfants sont beaucoup moins insouciants qu'on l'était. Je pense qu'ici, j'ai l'impression que quand je dessine, j'insuffle un truc qui vient de mon rapport à ma jeunesse ».

L'adresse renvoie également à l'univers culturel mobilisé à travers le thème de chaque album, à des images, souvent de façon volontairement stéréotypées et codées : on trouve donc des univers tels que ceux des pirates, de la ferme, du bonbon, du loup ou du cirque[7]. Il y a là encore un recyclage des thèmes traditionnellement destinés aux enfants, que l'on peut trouver dans la littérature de jeunesse, la bande dessinée, le cinéma, le jouet, etc.

Cette adresse a également une dimension morale, liée au respect des enfants :

> PB : Je pense qu'il y a quand même un côté moral qu'on a dans notre manière de nous adresser aux enfants. On a ce côté... On s'autocensure, comment expliquer... On ne raconte pas n'importe quoi...
>
> CF : On fait attention.
>
> PB : On n'est pas du tout dans la provoc, ici. Même s'il y a des histoires qui sont un peu limite. Il y a une histoire plus scatologique [n° 13], il y a une histoire où on se fout un peu de la gueule de la monarchie [il s'agit d'auteurs et d'un éditeur belges], des choses comme ça mais ce n'est jamais le moteur.

Mais il peut y avoir tension, débat, points de vue différents comme le montre l'exemple de la sirène dans le premier album :

> CF : Sur le tout premier, on met en scène une très grosse sirène et au début on voyait ses tétons. Comme on était au tout début, L. nous a dit « ce serait bien de mettre une étoile dessus ou quelque chose ». Nous, on trouvait ça bizarre parce que pour nous, elle représentait une figure maternelle donc c'était intéressant. Et elle nous a demandé « oui, mais si jamais... On ne saura pas le vendre aux États-Unis ». Nous, à ce moment-là, on a dit oui, mais avec ces étoiles sur les nichons, elle ressemblait à une call-girl ! Mais on les a encore. Mais c'est la seule fois et on ne le ferait plus maintenant, je crois.
>
> PB : Je crois qu'on bataillerait plus. C'était le premier, on était moins à l'aise.
>
> CF : Par exemple, il n'y a pas de personnages qui fument, si le capitaine, il fume la pipe. Mais par exemple, on s'autocensure dans le sens où lui, il ne va jamais fumer, ça me parait vraiment logique, on ne prend pas ça comme de la censure, c'est vraiment, on sait où on va.

Cela implique un équilibre complexe entre désirs d'adultes et adresse à l'enfant, qui articule la volonté de défendre une création et l'acceptation d'une autocensure, à travers la prise en compte du destinataire.

---

[7] On trouvera en fin de chapitre la liste des albums de la série *Petit Poilu*.

Cette adresse à l'enfant renvoie également à des éléments de connaissance de l'enfant et de sa culture, entre autres, à travers la consommation par les auteurs de produits culturels destinés aux enfants :

> Moi, j'ai l'impression que ce qui est très important aussi, c'est qu'on est des grands consommateurs, même si ce n'est pas le bon mot, de livres, de films, de dessins animés, en tout cas j'ai l'impression que quand on s'est rencontrés, on a analysé énormément les histoires (PB).

Cela s'appuie également sur le fait de soumettre les histoires à d'autres personnes, en particulier des personnes qui sont supposées connaître les enfants : « Donc parfois on fait appel aussi à d'autres gens qui sont vraiment professionnels du monde de l'enfance ». Le temps passant, des retours ont en effet validé la démarche et montré que le destinataire a été atteint, tout au moins selon certains professionnels liés à l'enfance :

> On a vu les retombées, on a eu des retours des profs, on a eu des retours de gens, de lecteurs, etc. Et c'est sur la base de ce qu'on nous disait qu'on s'est dit : cette phrase, par rapport à la lecture, le fait que ça initie les enfants à la lecture, etc. (PB).

C'est à travers l'adulte spécialiste, le professionnel de l'enfant, le pédagogue ici, que l'enfant comme destinataire est aussi présent. C'est l'enfant considéré comme capable de comprendre l'histoire qui est convoqué.

Mais il ne faut pas oublier l'aspect intuitif : « se mettre à la place de l'enfant » comme nous l'avons déjà évoqué. En fait de tests, il s'agit beaucoup d'autotests (« c'est notre feeling »), même si le propre enfant du couple (et destinataire initial de la BD) reste mobilisé pour tester l'effet des projets sur les enfants :

> Là où on a eu un avantage, c'est que notre petite fille, elle a eu l'âge de lire ça… […] Donc elle servait de cobaye, en fait. Par exemple, pour certaines séquences, quand on avait un doute sur la clarté, on se demandait : est-ce que ça passe ou ça ne passe pas, on lui faisait lire et on lui demandait qu'elle explique ce qu'elle avait compris et on voyait si ça marchait ou si ça ne marchait pas, ça a été très pratique (CF).

Les auteurs donnent un exemple d'intervention de l'enfant dans le passé :

> J'ai un souvenir précis au niveau graphique, par exemple cet album-là, il y a une grosse coccinelle et au départ, je lui avais dessiné un T-shirt rayé noir et jaune. Elle m'a demandé « pourquoi l'abeille est déguisée en coccinelle ? »,

> c'est ce genre de trucs où moi, je m'étais dit « ça va être chouette, elle va être rayée », mais non, c'est une coccinelle donc il ne faut pas qu'il y ait de quiproquo non plus. Donc j'ai changé (PB).

Pouvoir tester auprès d'un enfant, y compris le sien quand il est de l'âge concerné voire un peu plus âgé, permet d'apprendre à s'en passer par la suite. On voit donc comment les enfants interviennent de façon contingente et non organisée ou systématique dans la conception des produits. Ils sont là malgré tout, y compris pour des produits qui s'assument comme produits d'adultes destinés aux enfants.

Cependant, l'adressage à l'enfant n'est pas sans produire des tensions entre ses diverses formes : les enfants ne sont en rien une population homogène et le développement de produits autour de *Petit Poilu* ou les modalités pratiques et commerciales pour atteindre les destinataires ne sont pas perçus par tous de la même façon.

Les différentes visions de l'éducation

Derrière l'enfant, surtout le jeune enfant dépendant des choix parentaux, on trouve des adultes parents et éducateurs, qui constituent des (co-)destinataires des albums. L'adressage à cet ensemble enfant/adulte va conduire à mettre en avant la dimension éducative, soit une voie d'adressage qui passe par une forme de rhétorique pour viser l'enfant (Brougère, 2013). S'adresser aux enfants eux-mêmes, comme aux adultes acheteurs, implique souvent cette dimension éducative, l'enfant étant considéré avant tout comme en développement et devant être éduqué. La légitimité du produit destiné aux enfants (par opposition à des produits de simple divertissement sans légitimité) se joue alors sur cette dimension éducative, plus que sur une distinction entre culture populaire et élitiste, souvent brouillée pour les enfants, surtout les plus jeunes. Ou pour le dire autrement, la dimension élitiste de la culture se pare de l'image éducative pour se distinguer des œuvres populaires, dévalorisées.

Mais la dimension éducative est sans doute d'abord une forme de l'adresse à l'enfant, la plus ancienne, la spécificité enfantine s'étant d'abord construite dans cette logique d'apprentissage nécessaire (Brougère, 2011, 2014, 2017). Les auteurs accordent une grande importance à la présence d'un message, à l'idée d'une transmission de valeurs, et valorisent une double dimension pédagogique, un contenu et l'introduction à la lecture autonome. Cependant, cette dimension pédagogique forte de l'histoire ne doit pas conduire à oublier l'aspect « fun », divertissant de celle-ci. Il y a bien ainsi une double adresse dans *Petit Poilu*.

On découvre dans le propos des auteurs une réelle ambition dans la transmission de valeurs :

> L'idée, c'est de transmettre une espèce d'idée de l'humanité, en fait. C'est un peu gros mais en tout cas, des rapports humains [...] le fait de s'adresser aux enfants dans une bande dessinée avec une certaine vision de l'humanité, c'est aussi pour répondre à cette espèce de sentiment qu'il faut faire quelque chose (PB).

Il faut, pour les auteurs, que l'enfant puisse en « retirer quelque chose ». Chaque album suppose donc un thème, une sorte de « morale », présentée en fin d'album sous le titre « Le petit message qui fait grandir d'un poil ». Il s'agit en quelques mots d'expliquer en quoi l'histoire permet d'évoquer avec les enfants des questions telles que la peur (n° 2), la surconsommation de jouets (n° 6), la maladie et l'hospitalisation (n° 11) ou la peur de l'autre en lien avec le sujet d'actualité que sont les migrants (n° 21). Certes le plaisir d'une histoire reste essentiel, mais l'album ne se limite pas à cela, il contient une dimension pédagogique qui s'adresse également aux éducateurs, aux enseignants.

Le pédagogique, c'est également le fait d'être introduit au livre et à l'histoire à travers les albums de la série *Petit Poilu*, thématique particulièrement mise en avant auprès des enseignants de maternelle. Il s'agit bien ici de proposer de façon dessinée et sans texte une histoire complexe. Pour être certain que cela soit perçu, une dernière page a été ajoutée aux albums (la page 31) sous le titre « Qu'arrive-t-il au Petit Poilu dans cette histoire ? », à la suite d'une initiative de l'éditeur coréen de *Petit Poilu* : celle-ci raconte l'histoire avec des mots. S'il s'agit de montrer qu'il y a bien une histoire et de s'adresser aux parents et autres adultes, les auteurs n'ont pas été enchantés par cette proposition de l'éditeur, trouvant que cela « cassait l'imaginaire ». On perçoit une tension entre la valorisation de la dimension éducative et la mise en avant du plaisir et d'une liberté de l'enfant quant à l'interprétation de la BD.

Cette dimension pédagogique est particulièrement soutenue par Dupuis dans la mesure où cette série originale et en décalage sur le marché de la bande dessinée peut avoir des difficultés à rencontrer son public. Passer par les adultes, faire des éducateurs des prescripteurs, séduire les parents par la dimension pédagogique est important. Cependant les parents peuvent être décontenancés par rapport à leurs pratiques habituelles qui consistent à lire aux enfants un texte écrit dans un album jeunesse. Ici, le parent doit raconter sans s'appuyer sur un texte écrit, d'où le résumé proposé page 31. L'argument pédagogique doit permettre de surmonter ce type de difficulté.

Ainsi le site internet dédié au personnage et aux albums, un temps envisagé comme un site à destination des enfants, s'est affirmé comme un site pour les adultes ; il s'agit de faire connaître les albums, en les expliquant pour des adultes :

> Comment faire pour que la distribution comprenne ce qui se vend et comment ça se vend. Parce que malgré tout, ça reste une bande dessinée, il faut la placer, il faut la vendre, il faut la faire connaître (Responsable de la conception du site).

La dimension pédagogique apparaît comme une façon de s'adresser à ce public adulte. Le site propose des fiches qui s'appuient sur le programme de l'école maternelle française, dont la grande majorité n'a cependant rien à voir avec les albums, et qui relèvent de l'illustration selon le principe que l'on peut trouver dans les cahiers d'activités de vacances : une question logique, mathématique ou relevant d'une autre discipline est illustrée à l'aide de l'univers du Petit Poilu.

> Des fiches pédagogiques qui sont un peu, je dirais une porte d'entrée pour faire un appel du pied aux enseignants. Mais les fiches pédagogiques ont un intérêt pédagogique très très limité, voire quasiment inexistant. Elles ont le mérite d'exister, j'ai envie de dire, pour moi c'est plus des fiches pour les parents… Mais pédagogiquement parlant, déjà en maternelle faire des fiches papier qu'on colle dans les cahiers, c'est devenu un peu… […] Les fiches sont faites généralement par des stagiaires chez Dupuis (Enseignant/consultant).

Il y a donc un marketing de la pédagogie, pour faire connaître la BD, et Dupuis revendique au-delà de la BD familiale et populaire, une dimension éducative historique qui a pu s'afficher dans le *Journal de Spirou* à travers *Les Belles Histoires de l'Oncle Paul*[8]. Les salons, tout particulièrement ceux destinés aux enseignants ou fréquentés par eux, sont aussi des lieux où ce message est diffusé selon les personnes en charge du marketing et de la diffusion des albums.

---

[8] Il s'agit d'une bande dessinée publiée dans le journal de *Spirou* à partir de 1951, proposant des faits historiques et témoignant ainsi d'une dimension pédagogique.

Ce travail de pédagogisation de *Petit Poilu* a justement conduit certaines enseignantes convaincues à proposer des activités en classe de maternelle, qu'il s'agisse d'en faire un support d'initiation à la BD à travers un livre réalisé par le CRDP de Reims (Grandjonc et Mouillet, 2014) ou un point d'appui à des activité diversifiées (*La Classe maternelle* n° 237, mars 2015). Le premier propose une pédagogie très dirigée par l'enseignante, pré-organisée, avec peu d'initiatives de l'enfant, reposant sur des consignes pour atteindre des objectifs précis (identifier la BD, le sens de la lecture, découvrir la notion de personnage principal et secondaire, etc.) ; le second utilise l'album comme un prétexte pour des activités pédagogiques traditionnelles à partir de fiches. Nous sommes à la fois loin de la dynamique du personnage qui apprend sans enseignants et de l'usage des albums dans les familles.

On peut en effet souligner une symétrie intéressante entre l'aventure de Petit Poilu qui fait une expérience lui permettant d'apprendre quelque chose, et le fait que les enfants qui lisent la BD apprennent également quelque chose. Dans les deux cas, il s'agirait d'un apprentissage informel (Brougère, 2016) au sens où l'on apprend des expériences sans que celles-ci soient conçues pour cela, si l'on considère que les histoires du Petit Poilu ont le divertissement comme objectif premier. Petit Poilu qui ne va pas à l'école, fait des apprentissages buissonniers, informels, expérientiels en dehors de l'école. Selon les auteurs :

> Déjà, rien que ça, le fait qu'il apprenne tout de manière empirique et ce qu'on lui transmet, c'est toujours la vie qui lui apprend, ce n'est jamais un prof qui dit « C'est comme ça » [...] Ce qui le caractérise, c'est qu'il a une curiosité (CF).

La curiosité (l'exploration curieuse) serait le moyen principal de l'apprentissage. Petit Poilu apprend de la rencontre avec l'autre, par empathie : « Ils disent tous "il part à l'école et il n'y arrive jamais". C'est vraiment ça. Le Petit Poilu part à l'école, il n'arrive jamais ». Ses apprentissages apparaissent bien comme étrangers au monde scolaire :

> Même s'il y a un côté un petit peu école buissonnière, il y a un côté un peu anar, peut-être, dans la manière de toujours vouloir aller... Mais non, en fait, à la base, ce n'est pas voulu, peut-être qu'on est comme ça sans s'en rendre compte. Moi, j'étais très scolaire, j'enseigne dans une école de bande dessinée. Céline a un parcours où justement, elle a fui l'école. [...] Peut-être aussi, avec le recul, c'est qu'on fait confiance aux enfants (PB).

On découvre une tension propre à un produit auquel l'enfant ne peut avoir accès directement (sauf exception au sein d'une bibliothèque). Il doit donc associer adresse à l'adulte, tournée ici vers le pédagogique, et adresse à l'enfant, tournée plutôt vers le divertissement. On peut sans doute voir là également une ligne de fracture entre la littérature de jeunesse, marquée par une tradition éducative qui n'exclut pas la recherche du plaisir et du divertissement, et la bande dessinée, marquée par une logique de divertissement, mais traversée par une volonté de légitimation qui s'appuie tant sur la valorisation de la dimension littéraire que sur l'apport pédagogique. On pourrait appliquer à *Petit Poilu* l'analyse de Maigret concernant le régime de divertissement propre à la bande dessinée :

> Le régime évoqué est en réalité culturel ou expérientiel en ce qu'il s'appuie sur des pratiques et du sens dégagé au contact des productions culturelles : si ces dernières sont « divertissantes », c'est parce qu'elles renvoient à des expériences existentielles, à des explorations identitaires, à des routines sociales… (Maigret, 2015, p. 96).

Le *cute* et le cool : les tensions d'un personnage et d'un univers fictionnel

Le personnage, véritable marque ou plateforme créative, est central pour les auteurs : « C'est pour ça que le personnage est noir, c'est parce qu'automatiquement, on va aller directement vers lui ». (PB) La dimension « poilue » qui donne son nom au personnage est également importante, car elle lui permet de s'exprimer sans mot : « Et pourquoi il est poilu, c'est super important aussi et on y a pensé dès le départ, parce que comme c'était muet, il fallait un élément qui nous permette de comprendre ce qu'il ressent » (PB). Cela produit quelque chose d'inusuel : « Je crois que ça fait rire [les enfants], déjà. En fait, le poil, c'est plutôt un truc d'adulte. Ce sont les grands qui sont poilus » (PB). Le poil qui définit le personnage le spécifie dans un paradoxe (enfant et poilu) et en fait un être imaginaire et rigolo.

Mais « les peluches sont poilues », ajoute Pierre Bailly. On peut alors se demander si, avant de devenir personnage de BD puis peluche à l'occasion d'une opération de promotion, Petit Poilu n'est pas déjà une peluche, un jouet. On trouverait, selon le modèle du jouet sous-jacent aux personnages d'une série (Brougère, 2003), une circulation potentielle incluse dans la conception du personnage. Une circulation symbolique (du jouet au personnage) existe et facilite la circulation inverse du personnage au jouet.

En outre, ce qui le définit est qu'il est petit. Il est un bébé avec sa grenouillère et porte toujours son sac à dos qui est un élément narratif important (il y puise de quoi résoudre les problèmes) :

> L'idée qu'il fallait qu'il soit très petit, qu'il soit habillé comme ça, avec une espèce de grenouillère pour que les enfants s'y identifient, ça c'était vraiment à la base. Il fallait qu'il ait un sac à dos parce que dans toutes les histoires, [Céline] voulait un ressort [scénaristique] (PB).

Par cela, il est très reconnaissable, il a une forte identité. Celle-ci passe également par une « esthétique de la rondeur » (Pomier, 2005, p. 117) particulièrement développée aux États-Unis dès le début de la bande dessinée (comme dans le cas de *Pim, Pam, Poum*[9]). Mais, comme nous l'avons évoqué, Petit Poilu est également noir, ce qui contraste avec les héros « mignons » :

> Le fait qu'il soit noir, c'est vraiment un truc, il n'y a rien à faire, je déteste les héros blonds. Vraiment. Viscéralement. On en a soupé, des héros blonds. Je n'aurais jamais pu imaginer, au niveau esthétique, un personnage blond, ce n'est pas possible. Donc, le fait qu'il soit noir, c'est pour le contraste avec la feuille blanche mais c'est aussi… J'aime bien l'idée du poil, du cheveu dans la soupe. […] Il y a un côté tache d'encre aussi. Quand on fait une tache d'encre et qu'on souffle dessus. Il y a aussi ce côté-là (PB).

Il s'agit de ne pas en faire un héros uniquement positif : « D'ailleurs, dans son caractère, il a cet aspect, il peut parfois faire un petit sale coup, il peut parfois se fâcher, il peut parfois avoir des réactions plus négatives » (PB). Mais il porte également des valeurs qui sont la curiosité, l'empathie, le désir de rencontrer les autres. Il peut pour cela aller vers le danger d'un univers où tous les personnages ne sont pas sympathiques, tout au moins au premier abord comme le mettent en scène ses différentes aventures d'album en album.

Le personnage est du côté du *cute*, du mignon mais sous une forme de « garçon » différente des formes les plus communes du *cute*, comme Hello Kitty ; d'un autre côté, on peut souligner une dimension cool, entendue comme rupture avec le mignon et les valeurs de l'enfance, tout en restant

---

[9] Il s'agit du nom français de *The Katzenjammers Kids*, bande dessinée de presse (*strip*) créée en 1897 par Rudolph Dirks.

acceptable pour les jeunes enfants (Brougère, 2012 ; Cross, 2004). Il y aurait ainsi une tension qui expliquerait l'intérêt des albums, entre un univers mignon et une dimension d'aventure avec mise en danger potentiel. Ou bien s'agit-il d'un équilibre original entre *cute* et cool permettant à la fois de rassurer les adultes et d'offrir un espace d'aventure aux enfants, espace cadré, sécurisé d'une certaine façon par la logique du récit, mais présent en refusant de mettre l'enfant face à un univers sans risque. C'est cela qui a fait achopper le premier projet de dessin animé financé au Canada, qui mettait en avant le côté mignon et souhaitait éradiquer tout risque, toute mise en danger, tout acte que l'enfant ne pourrait pas reproduire sans risque. Cette lecture uniquement *cute* de *Petit Poilu* montre que le personnage ne peut se réduire à cette dimension. Ses aventures le poussent hors de l'univers domestique sécurisé, hors du regard des parents, des adultes, et c'est là l'intérêt et le problème : « Ça, ça se trouve proche de la maison et cette page-là est nécessaire pour qu'on ait l'impression qu'il s'éloigne un tout petit peu, au moins pour que ses parents ne le voient pas » (CF).

Tension au niveau de la circulation entre supports

Un des intérêts de *Petit Poilu* est d'avoir connu un développement de produits dérivés rare pour une bande dessinée, dont la diffusion reste limitée et donc peu compatible avec une telle logique, ce à quoi les auteurs se sont très vite confrontés. Apparaît une tension entre la posture d'auteurs qui valorisent la bande dessinée comme espace d'expression artistique et la question des produits dérivés. Les auteurs ne sont pas hostiles à tout produit dérivé et à la production d'un dessin animé, mais ils souhaitent maintenir ce qui fait pour eux la valeur et la logique de leur création. Cela suppose de s'assumer comme auteur et non seulement comme concepteur de produits de divertissement, ce qui semble une posture tout à fait différente de celles de certains concepteurs, comme ceux décrits à propos d'*Astro Boy* par Marc Steinberg (2012), qui s'affirment comme concepteurs de personnages et d'univers voués à une circulation maximale, même si celle-ci doit être fidèle aux valeurs et caractéristiques du personnage. Sans rejeter la circulation, les créateurs de *Petit Poilu* se définissent comme les auteurs d'une œuvre qui doit donner le ton à ce qui circule. On serait alors plus dans la logique de dériver des produits d'une œuvre originale que d'une circulation généralisée, d'un développement transmédiatique qui ferait que personnage et univers se transformeraient au cours des migrations successives. Les auteurs souhaitent garder la main sur le sens et ne souhaitent pas voir émerger la production de nouvelles significations en fonction de la diversité des médias et supports.

Ces auteurs défendent également une dimension esthétique : « J'en suis arrivé à des images où il n'y a presque rien et ça fonctionne » (PB). Cette expérience originale renvoie à une dimension esthétique qui peut être en porte-à-faux avec une diffusion élargie : « Donc ce que la ligne permet en termes d'expression, c'est assez fantastique, en fait. Moi, j'ai vraiment appris la force de la ligne et ce qu'elle racontait grâce aux histoires que Céline a mises en place » (PB).

Les produits dérivés traduisent la tension potentielle entre logique marketing et logique propre aux auteurs. C'est l'existence d'un club de vente par correspondance, qui s'adresse aux enfants (ou plutôt aux parents) dès la naissance (club Spip[10]), qui a généré une production de produits dérivés, alors même que Dupuis disposait de peu de personnages destinés aux jeunes enfants, d'où l'intérêt d'utiliser Petit Poilu. Ce club a proposé des produits bon marché, fonctionnant sur une logique d'apposition, pour répondre aux besoins d'objets pour les jeunes enfants, en accompagnement de livres et BD dans un format adapté. Il est dénommé Spip en référence à l'écureuil de Spirou, mais le personnage manque de force, faute de disposer d'albums personnels. Petit Poilu avec ses caractéristiques fortes de personnage et de marque permettait une exploitation intéressante sous forme de produits dérivés. Il s'agissait de produits achetés en Chine sur catalogue, où il suffisait de remplacer une image standard par l'image souhaitée (ici, celle de Petit Poilu) pour proposer des produits dont le coût unitaire doit être très bas pour entrer dans la cadre du club. Le service marketing a le sentiment d'avoir beaucoup travaillé pour ces produits adaptés avec des dessins originaux de l'auteur, et aussi d'avoir beaucoup fait pour augmenter la notoriété et les ventes de *Petit Poilu*.

Mais cela a créé une tension entre des auteurs qui attendent que la circulation fasse sens et cette logique de coût qui a conduit à apposer le personnage sur des produits trop bon marché pour être de qualité toujours satisfaisante. Cette tension est sans doute limitée par la considération accordée par l'éditeur à ses auteurs : « Ce sont des auteurs, sur *Petit Poilu*, qui sont extrêmement interventionnistes, qui ont une idée très précise de ce qu'ils veulent faire de leur personnage, de leur marque

---

[10] http://www.spirou.com/family/

et ils le font très bien » (Responsable marketing Petit Poilu). Les auteurs ont été déçus par les produits : « On n'est pas prêts à faire n'importe quoi, n'importe comment. On a souvent des désaccords avec eux ». Ils ont décidé d'arrêter ce qui pour eux n'était que du marketing : « Ça va donner une sale image, en fait. Donc on a dit stop à ça. [...] Au départ, on était super réticents, ils nous ont convaincus d'essayer, on a essayé » (PB). Ce fut d'autant plus mal reçu par les personnes du marketing que les retours des consommateurs étaient plutôt bons quant aux produits. Le marketing ne nie pas les problèmes de qualité : « Le fait que ce soit fait en Chine, à bas prix, forcément, il n'y a personne pour contrôler la qualité et du coup, quand le stock arrive, même si on n'est pas contents, il faut bien l'écouler. » Mais pour le marketing, les produits dérivés sont pensés comme outil de promotion d'une marque jeunesse, de *Petit Poilu* : « Je pense qu'on a bien promu la marque ». S'il y a eu désaccord entre l'éditeur et les auteurs, ceux-ci gardent un droit moral sur leur création, ce qui a conduit l'éditeur à céder avec regret à leur décision.

Cela a abouti à un changement de perspective marketing pour *Petit Poilu* : « Au niveau marketing on a décidé de continuer le développement en jeunesse de *Petit Poilu* mais de façon plus qualitative, qui correspondait aux attentes de qualité des auteurs ». Cela correspond effectivement aux attentes des auteurs qui souhaitent être diffusés et promus : « C'est OK, on veut bien mais un truc plus simple, mais un petit peu plus haut de gamme, pas de la mauvaise qualité comme ça, c'est se foutre un peu de la gueule du monde, je trouve » (PB).

À côté de ces tensions liées au club et au projet canadien de dessin animé, une autre expérience de droit dérivé apparaît comme plus positive, renvoyant au passage à ce marketing qualitatif. Il s'agissait d'accompagner les albums en librairie générale (par opposition aux librairies spécialisées en BD) d'objets qui permettaient de les ancrer dans le secteur de la littérature de jeunesse : « Ensuite, on a fait aussi quelques jeux qui étaient de meilleure qualité, on va dire, qui sont à ce moment-là vendus dans les mêmes points de vente que la bande dessinée ». Le but était d'augmenter la visibilité des albums avec une peluche vendue avec l'album n° 6 (qui est justement centré sur un Petit Poilu devenu un cadeau, une peluche offerte à une enfant capricieuse), ainsi que des abécédaires, un loto, un puzzle cube et un jeu de pêche. Les abécédaires n'atteignant pas les chiffres de vente habituels pour Dupuis ont été abandonnés mais l'expérience de la peluche a été jugée positive. Bien entendu dans ce cas les produits dérivés jouent un tout autre rôle : ils sont en étroite relation avec les BD et ont pour but de les valoriser. La tension ne peut être que réduite et la convergence entre les intérêts de l'éditeur et des auteurs plus forte.

Les auteurs ont manifesté un fort intérêt pour disposer d'une peluche, peut-être du fait que le personnage est lui-même une peluche ou en tout cas ressemble à une peluche comme nous l'avons évoqué ci-dessus. Ils se sont fortement investis dans la mise au point du prototype et en particulier dans la recherche de la bonne solution pour les poils de Petit Poilu : « Ça a été beaucoup de discussions mais on a fini par trouver un compromis, elle est mignonne, elle est douce ». Ils évoquent les enfants qui demandent de petits personnages pour jouer avec :

> Il y avait de plus en plus d'enfants qui nous disaient « il n'y a pas une peluche de Petit Poilu ? », ou des parents. Finalement, Dupuis a dit « OK, on va essayer ça ». C'est le côté mignon, de nouveau, qui intervient et ça devient un doudou (CF).

Les auteurs sont ainsi prêts à participer à la conception de certains produits dérivés dès qu'ils les estiment en synergie avec les valeurs de leur création : par exemple des jeux de société ou de cartes. Ils ne sont pas opposés à la circulation de l'image de leur personnage, y compris sur des T-shirt.

Derrière ces débats s'en cache un autre, celui du positionnement culturel ; *Petit Poilu* comme marque se substitue à Dupuis qui disparaît : « Donc c'est un peu une marque à part entière dans leur catalogue ». Cependant les auteurs assument la BD traditionnelle de Dupuis comme genre populaire et la couverture doit montrer cela. Ils refusent d'être du côté d'une littérature de jeunesse élitiste, ce qui est une autre tension, peut-être au fondement de la série :

> On ne se positionnait vraiment pas du tout dans une logique de s'adresser à des esthètes du livre ou à un public privilégié. Dès le début, on voulait que n'importe qui puisse rentrer dedans. On ne voulait pas que l'esthétique soit un frein (PB).

Cette posture justifie la logique dessin animé et droits dérivés, mais elle n'est pas dénuée de contradiction si l'on estime que pour les jeunes enfants la question élitiste ne se joue pas de la même façon que pour les plus âgés (celle de la légitimité culturelle) mais plutôt du côté pédagogique. Or défendre la posture pédagogique qui est la leur (même si nous en avons vu la complexité et les tensions), c'est d'une certaine façon mettre des distances avec une culture populaire de pur divertissement nettement plus compatible avec des produits dérivés.

Cependant l'inscription de *Petit Poilu* dans l'univers de la bande dessinée, avec lequel il tranche, n'a pas été sans poser problème. Le succès rencontré, sans doute encore limité, suppose tout un travail pour imposer une idée nouvelle en décalage avec le marché. Le travail marketing a consisté à travailler avec les librairies généralistes et les rayons enfants, mais aussi la prescription auprès des bibliothécaires et des enseignants, de façon à sortir *Petit Poilu* du rayon bande dessinée où il risquait de manquer de visibilité et où le public visé n'irait pas le chercher. Bien entendu, le paradoxe ici est que la dimension pédagogique, souvent pensée comme distance avec une approche purement commerciale, devient un argument pour capter l'intérêt d'enseignants qui peuvent alors valoriser le produit et soutenir sa diffusion. On voit bien ainsi comment le marketing entre en relation étroite avec l'adresse dans la mesure où il ne suffit pas d'adresser un produit à un public : encore faut-il que la diffusion de celui-ci permette de rencontrer ce public de telle façon que l'opération soit économiquement rentable, ce qui n'a pas été une évidence pour *Petit Poilu* (et ce dont témoigne l'abandon des autres séries de la collection Puceron). Derrière cette adresse on trouve tout un dispositif technique de mise en relation avec le public.

Ces tensions entre pôle industriel, marketing et celui de la création et des auteurs, Berthou (2010) les met en évidence comme une caractéristique des gros éditeurs de la bande dessinée franco-belge, tels Dupuis :

> La tension entre nécessités liées à la production et liberté de création aboutit à un autre mode de pensée et esquisse un espace de compromis dans lequel ces deux logiques doivent se comprendre et se mêler (§ 6).

On perçoit tout autant des convergences qui permettent de parler d'alliance ou d'entente (Berthou, 2010). Il cite Dimitri Kennes, à l'époque directeur général de Dupuis, qui définit ainsi le rôle de l'éditeur : « Mais le rôle de l'éditeur, qui est en relation étroite avec l'auteur, est de défendre son œuvre, de la promouvoir et de négocier l'ensemble des droits (dérivés ou audiovisuels) qui nous ont été confiés » (Berthou, 2010, §13).

Il souligne également que l'inscription dans une série et l'importance donnée au personnage vont éloigner la bande dessinée d'une logique d'auteur :

> Et si le personnage s'émancipe ainsi des intentions de son créateur, c'est qu'il ne relève plus d'une logique strictement auctoriale : il appartient au lecteur tout autant qu'à celui qui l'a conçu et ne ressort plus pleinement à une propriété intellectuelle (Berthou, 2010, §18).

C'est d'une certaine façon ce qu'est en train de vivre *Petit Poilu* à travers produits dérivés et dessins animés en devenant une œuvre collective qui risque à tout moment d'échapper à ses (premiers) auteurs.

L'intérêt de cet exemple est de nous situer entre deux extrêmes, d'une part une logique d'auteur éloignée de la culture enfantine de masse et des logiques de droits dérivés, d'autre part une conception totalement liée à la circulation transmédiatique et au développement des produits dérivés. Il montre un équilibre complexe entre la posture d'auteur appuyée sur des valeurs (en particulier celles définies comme pédagogiques) et une logique marketing qui accompagne la diffusion de l'album, et permet d'envisager des développements sous forme de dessin animé et de produits dérivés. Sans doute somme-nous dans la logique propre à Dupuis qui articule diffusion populaire et importance des auteurs, modèle franco-belge qui serait éloigné du modèle *manga* (Japon) ou plus encore *comics* (États-Unis) où les personnages, ou tout au moins les plus diffusés, sont des propriétés collectives vouées plus aisément à la circulation transmédiatique. Dans notre cas, celle-ci doit s'articuler à la propriété intellectuelle et morale de l'auteur.

Même si les auteurs refusent l'image d'un auteur tout puissant, du fait de la mise en avant d'une logique de recyclage qui les éloigne de l'idée de créateur absolu et de l'acceptation de la circulation du personnage sur différents supports pour lesquels ils doivent négocier avec d'autres personnes participant à la conception, ils apparaissent comme un site d'organisation et de pouvoir à travers production et contrôle des significations. Celles-ci sont fortement liées à l'adressage aux enfants et au fait que leur position d'auteur s'articule à leur vision du respect des enfants, de ce qu'il est légitime ou non de concevoir pour eux.

Bibliographie

Aquatias, S. (2015), « Le goût de la bande dessinée : acquisitions, transmissions, renforcements et abandons », in B. Berthou (dir.), *La bande dessinée : quelle lecture, quelle culture ?*, Paris, Éditions de la Bibliothèque publique d'information, p. 45-73.

Berthou, B. (2010), « La bande dessinée franco-belge : quelle industrie culturelle ? », *Textyles*, 36-37, p. 43-57, http://journals.openedition.org/textyles/1398.

Berthou, B. (dir.) (2015), *La bande dessinée : quelle lecture, quelle culture ?*, Paris, Éditions de la Bibliothèque publique d'information.

Brougère, G. (2003), *Jouets et compagnie*, Paris, Stock.

Brougère, G. (2011), « Comment le jouet s'adresse-t-il aux enfants ? », in *Des jouets et des hommes*, catalogue de l'exposition, Paris, Grand Palais, p. 20-27.

Brougère, G. (2012), « La culture matérielle enfantine entre le *cute* et le cool », *Strenæ*, n° 4, http://journals.openedition.org/strenae/776.

Brougère, G. (2013), « Les jouets et la rhétorique de l'éducation », *Le Sociographie*, n° 41, p. 81-90.

Brougère, G. (2014), « Design et adresse à l'enfant : une chambre protégée de la culture populaire », *Strenæ*, n° 7, http:// journals.openedition.org/strenae/1210.

Brougère, G. (2016), « De l'apprentissage diffus ou informel à l'éducation diffuse ou informelle », *Le Télémaque*, n° 49, p. 51-64.

Brougère, G. (2017), « Personnage et captation de l'enfant dans la circulation "transproductive" », in G. Brougère & A. Dauphragne (dir.), *Les biens de l'enfant. Du monde marchand à l'espace familial*, Paris, Nouveau Monde éditions, p. 73-104.

Condry, I. (2013), *The Soul of Anime: Collaborative Creativity and Japan's Media Success Story*, Durham, Duke University Press.

Cross, G. (2004), *The Cute and the Cool: Wondrous Innocence and Modern American Children Culture*, Oxford, Oxford University Press.

Evans, C. (2015), « Profils de lecteurs, profils de lecture », in B. Berthou (dir.), *La bande dessinée : quelle lecture, quelle culture ?*, Paris, Éditions de la Bibliothèque publique d'information, p. 17-44.

Evans, C. & Gaudet, F. (2012), « La lecture de bandes dessinées », *Culture études*, n° 2, p. 1-8.

Grandjonc, S. & Mouillet, V. (2014), *La BD muette en maternelle*, CRDP de l'académie de Reims.

Groensteen, T. (1999), *Système de la bande dessinée*, Paris, Presses Universitaires de France.

Groensteen, T. (2006), *Un objet culturel non identifié*, Paris, Éditions de l'An 2.

Groensteen, T. (2011), *Bande dessinée et narration : Système de la bande dessinée 2*, Paris, Presses Universitaires de France.

Maigret, É. (1994), « La reconnaissance en demi-teinte de la bande dessinée », *Réseaux*, vol. 12, n° 67, p. 113-140.

Maigret, É. (2015), « La bande dessinée dans le régime de divertissement : reconnaissance et banalisation d'une culture », in B. Berthou (dir.), *La bande dessinée : quelle lecture, quelle culture ?*, Paris, Éditions de la Bibliothèque publique d'information, p. 92-102.

Morgan, H. (2003), *Principes des littératures dessinées*, Paris, Éditions de l'An 2.

Pomier, F. (2005), *Comment lire la bande dessinée ?*, Paris, Klincksieck.

Steinberg, M. (2012), *Anime's Media Mix: Franchising Toys and Characters in Japan*, Minneapolis, University of Minnesota Press.

Liste des albums Petit Poilu

La sirène gourmande (n° 1)
La Maison Brouillard (n° 2)
Pagaille dans le potager (n° 3)
Mémé bonbon (n° 4)
La tribu des Bonapéti (n° 5)
Le cadeau poilu (n° 6)
Kramik la canaille (n° 7)
La forêt des ombres (n° 8)
Le trésor de Coconut (n° 9)
Amour glacé (n° 10)
L'hôpital des docteurs Toc-Toc (n° 11)
La planète Coif'tif (n° 12)
Au château de Crotte de Maille (n° 13)
En piste les andouilles ! (n° 14)
L'expérience extraordinaire (n° 15)
Le blues du yéti (n° 16)
À nous deux ! (n° 17)
Superpoilu (n° 18)
Le prince des oiseaux (n° 19)
Madame Minuscule (n° 20)
Chandelle-sur-Trouille (n° 21)

Concevoir pour les enfants, un jeu d'adultes ?

Adressage et production du lien enfant-parent à travers des livres numériques

Éric Dagiral

CERLIS, Université Paris Descartes

Laurent Tessier

RCS, Institut Catholique de Paris

Dans un article publié en 1977, Jean-Claude Chamboredon et Jean-Louis Fabiani présentent une enquête portant sur la production de ce qu'ils nomment les « albums pour enfants ». Ils définissent d'abord ceux-ci par le public auxquels ils *s'adressent* : « jeunes enfants, non-lecteurs ou apprentis lecteurs » (Chamboredon et Fabiani, 1977, p. 60). Surtout, ils définissent d'emblée leur projet d'enquête de la manière suivante : « La production d'un type particulier de bien culturel destiné à l'enfance [...] peut être une occasion d'étudier la variation des définitions sociales de la petite enfance » (*ibid.*). Leur article repose sur l'hypothèse selon laquelle la production d'un objet destiné à un public est liée à la définition sociale de ce public. Pour le dire autrement, la *conception* (dans le sens de « *design* ») d'un objet est liée à la *conception* (dans le sens de « définition ») du public par le concepteur. Or Chamboredon et Fabiani constatent une très grande diversité dans la production des albums pour enfants. Ils font donc l'hypothèse que cette diversité vient au moins en partie des différences de conception de l'enfance qui sous-tendent la production de ces ouvrages. C'est à partir d'hypothèses analogues que nous avons abordé notre enquête, qui porte sur la conception de livres numériques pour enfants par l'éditeur Bayard Jeunesse. L'exploration de ce terrain particulier permet de réinterroger à nouveaux frais cette question de la conception de produits culturels à destination d'un public particulier, celui des enfants.

Comme on va le voir, la stratégie numérique de Bayard Jeunesse s'appuie sur une conception de l'enfant très articulée. Ainsi, lors d'un premier entretien exploratoire sur lequel nous aurons l'occasion de revenir, le Père André Antoni, membre du directoire du groupe, définit spontanément le livre jeunesse comme « tiers-lieu éducatif ». Selon lui, la fonction du livre jeunesse est de jouer le rôle de « tiers » dans la relation éducative parent/enfant. Cette vision éducative pourrait être rapprochée de l'idée de « triangle pédagogique », les trois côtés de ce triangle étant constitué de l'enseignant, de l'apprenant et de la matière scolaire : contenus de connaissances, ouvrages, exercices (Houssaye, 1988). Le livre jeunesse permettrait lui aussi l'échange et la transmission, hors du temps de travail des parents et des enfants. À ce titre, le livre-papier constitue un modèle éprouvé : il autorise des pauses et des échanges entre le parent et l'enfant au rythme qui leur convient, contrairement par exemple à la télévision ou aux jeux vidéo.

Or, en plus des éditions papier, Bayard Jeunesse a connu au cours des années 2000 un développement important autour du multimédia et du numérique, à travers différentes filiales et partenariats en France (avec les éditions Milan) mais aussi à l'étranger (*Toboggan* au Canada, La fabrique d'images au Luxembourg). Par ces différents développements numériques, dont les objectifs sont bien sûr en partie économiques, Bayard affiche la volonté de trouver le moyen de continuer à concevoir des produits qui permettent de promouvoir ce type de relation éducative « héritée » du papier. Pour le dire de manière plus concrète, l'un des enjeux actuels du groupe est de ne pas concevoir des sites internet ou des applications pour tablettes qui coupent ou isolent les enfants de leurs parents.

Le groupe Bayard est un groupe français d'édition et de presse catholique fondé en 1873[1]. En 2017, il comptait environ 2 300 salariés à quoi s'ajoutent plus de 3 300 pigistes. Il est spécialisé dans les éditions « jeunesse » (mais aussi, « religion » et « senior »). Ses titres phares sont *La Croix*, *Pèlerin*, *Notre temps*, et pour ce qui concerne les éditions jeunesse : *Pomme d'Api*, *Astrapi*, *Phosphore*, *J'aime lire* ou encore *Je bouquine*. Grâce à ces titres très installés et à des héros tels que Petit Ours Brun, SamSam ou TomTom et Nana, il se situe aujourd'hui comme

[1] Nous renvoyons à la présentation institutionnelle du groupe sur son site web : http://www.groupebayard.com/index.php/fr/articles/rubrique/art/10 (Consulté le 4 janvier 2018).

l'un des leaders du marché de la presse enfantine en France[2]. Par rapport à d'autres éditeurs jeunesse, l'une de ses spécificités est d'avoir été fondé par une congrégation catholique, les Augustins de l'Assomption. Cette congrégation est toujours l'unique propriétaire du groupe. Celui-ci ne rend compte ni à des actionnaires ni à une famille, comme c'est parfois le cas dans le monde de l'édition et de la presse. Il est structuré autour d'une association loi de 1901 fonctionnant à partir d'objectifs définis par la congrégation. Le directoire du groupe est composé d'un président et de trois directeurs généraux, dont un religieux représentant la congrégation (cité plus haut). Du fait de son statut ecclésial, le rôle de ce dernier est notamment de veiller à la pérennité du projet initial dans la stratégie et les actions menées par le directoire. Cette histoire et cette structuration ont des incidences en termes de « valeurs » et de stratégie, ce que l'on retrouvera à la fois dans la conception de l'enfance et celle des produits destinés à l'enfant.

Afin d'éclaircir les stratégies et les pratiques de conception de produits et en particulier de livres numériques pour enfants, nous avons conduit une série d'entretiens à partir de décembre 2014 au sein de Bayard Jeunesse avec les différents acteurs impliqués dans ce processus de conception : l'un des directeurs généraux du groupe, le directeur délégué « enfance, jeunesse » en charge de la stratégie numérique, un responsable de collections et de projets numériques (dont le J'aime Lire Store), la responsable du département marketing de la petite enfance et plusieurs chargées de mission affectées à ces projets. Ces entretiens ont été complétés par l'analyse de documentations produites par Bayard à propos de sa démarche à destination des parents et par l'observation d'une séance de « test produit » organisée par les équipes de Bayard à la médiathèque de la ville de Montrouge, visant à observer les modes d'appropriation par des enfants de différents âges de nouvelles applications pour iPad.

L'analyse de ces matériaux nous permettra de revisiter certaines théories autour de l'*agency* des enfants, issues de la sociologie de l'enfance et des *childhood studies* (Sirota, 2006 ; Garnier, 2012, 2013), en croisant également la perspective d'une sociologie de la consommation attentive aux stratégies de segmentation en âges (Bahaud, Destal et Pecolo, 2011) ainsi que la question de la protection des enfants des mondes marchands et de la publicité (Silverstone, 2007). Il s'agira de dépasser la perspective

[2] Voir le rapport annuel 2015-2016 : http://www.groupebayard.com/index.php/fr/articles/rubrique/id/4 (Consulté le 4 janvier 2018).

d'une sémiologie de ces produits culturels, de leurs modes de présentation ou de leurs emballages, qui a bien sûr sa pertinence propre mais qui ne permet pas par elle-même de rendre compte des logiques de conception de ces produits, qui nous intéressent ici. Dans un premier temps, nous reviendrons sur les conceptions de l'enfance et de l'enfant-lecteur à l'œuvre dans le monde de l'édition jeunesse et en particulier chez Bayard. Nous commencerons par saisir comment ces conceptions influent sur les objectifs et les formats envisagés. Dans un second temps, nous verrons plus précisément comment les différents professionnels impliqués dans la conception des produits numériques traduisent et matérialisent ces objectifs à partir de différents prismes professionnels.

De la conception de l'enfant lecteur à la conception des objets de lecture

L'apprentissage de la langue française est le premier « enjeu de formation » défini par le *socle commun de connaissances, de compétences et de culture* actuellement en vigueur dans l'éducation nationale française[3]. Transcendant les clivages partisans, les politiques éducatives françaises réaffirment continuellement le caractère fondamental de l'apprentissage de la langue nationale, orale et surtout écrite. Dans son acception la plus courante, l'école doit permettre aux enfants de savoir lire, écrire et compter. Mais il ne s'agit pas seulement de *savoir* lire. Il faut exercer effectivement ce savoir : un enfant doit lire régulièrement, si possible des livres, et aimer cela (Chartier, 2005, 2013). Comment alors développer chez les enfants ces compétences de lecteur et surtout cette habitude et ce goût de la lecture ? Cette question concerne et occupe à la fois les enseignants, les parents, mais aussi les professionnels de l'édition jeunesse parmi lesquels Bayard. Tous les moyens sont-ils pour autant bons pour atteindre cet objectif ? Si les classiques au programme rebutent les apprentis-lecteurs, faut-il alors accepter, voire encourager la lecture d'autres formes littéraires ? Des bandes dessinées à la qualité plus ou moins reconnue (de *Tintin* à *Titeuf*) ou des best-sellers de l'édition jeunesse (*Harry Potter*, *Twilight*) doivent-ils être considérés comme des portes d'entrée vers la culture littéraire légitime ou au contraire comme un divertissement qui en détourne (Dagiral et Tessier, 2010) ?

[3] Décret n° 2015-372 du 31 mars 2015 relatif au « socle commun de connaissances, de compétences et de culture » (JORF n° 078 du 2 avril 2015 page 6034, texte n° 16).

Dans ce contexte à la fois intellectuel et institutionnel, les nouveaux outils et écrans numériques (tablettes, smartphones) occupent une place ambivalente. Ces outils sont parfois présentés par leurs défenseurs comme des « facilitateurs ». Aujourd'hui, d'innombrables applications et livres numériques sont ainsi censés permettre une approche plus ludique, plus interactive de la lecture. En même temps, les parents et les professionnels de l'enseignement entretiennent souvent une forme de méfiance vis-à-vis d'eux : ne risquent-ils pas de détourner l'apprenti-lecteur du livre ? Et plus profondément, ne sont-ils pas en eux-mêmes dangereux pour les enfants ? La France est sans doute l'un des pays où différentes formes de néo-luddisme (Chevassus-au-Louis, 2006) s'expriment avec le plus de vigueur. Cette vision du monde numérique et cette focalisation sur les risques inhérents aux technologies se retrouvent par exemple dans l'avis négatif de l'Académie des sciences quant à l'usage des nouveaux écrans par les enfants (Bach *et al.*, 2013). Celui-ci préconise en particulier l'absence totale d'usage des écrans numériques avant trois ans, puis un usage restreint pour la tranche d'âge 3-6 ans, cette catégorisation par âges rejoignant directement les pratiques et les représentations de certains éditeurs jeunesse (voir *infra*). Mais on peut immédiatement noter l'importance d'un tel avis, donné globalement sur un ensemble très large de technologies et non sur telle application, tel usage ou tel contenu. Inversement, pour ce qui est du livre papier, aucune contre-indication de ce type ne pourrait s'imaginer. Le consensus semble bien rassembler parents, enseignants et éditeurs : il faut lire et avoir l'usage de livres, le plus possible, dès le plus jeune âge, sans la moindre restriction. Pour trouver une contre-indication éducative concernant la lecture de livres, il faut remonter au moins au XVIIIe siècle. L'explosion des pratiques de lecture, que Roger Chartier nomme « révolution de la lecture », est à l'époque « décrite comme un danger pour l'ordre politique, comme un narcotique (c'est le mot de Fichte) ou comme un dérèglement de l'imagination et des sens » (Chartier, 1995, p. 275). De nos jours, jamais on ne parlera de risque d'isolement et encore moins d'« addiction » à propos d'un enfant qui passe ses journées à lire dans sa chambre : ces risques-là ne sont envisagés et craints que pour les médias audiovisuels et pour les outils numériques tels que télévision, jeux vidéo, smartphones (Buckingham et Jensen, 2012).

La conception de l'enfance et de l'enfant-lecteur se trouve prise entre cette méfiance largement répandue et même institutionnalisée pour les écrans et en même temps, des injonctions politiques fortes à développer les usages du numérique à l'école, y compris dans les petites classes[4]. Or, les éditeurs jeunesse se trouvent eux aussi confrontés à cette ambivalence vis-à-vis du numérique. D'un côté, ils n'ont d'autre choix que « d'y aller », pour des raisons tenant à leur développement, voire à leur survie économique. La plupart des éditeurs jeunesse, de même que les éditeurs au sens large, proposent aujourd'hui au minimum un catalogue d'ouvrages numérisés, et souvent aussi des applications plus élaborées, tirant profit des possibilités techniques offertes par les écrans numériques. Et en même temps, le développement de cette offre nouvelle constitue pour eux un véritable risque. Déjà, dans la monumentale *Histoire de l'édition française* dirigée dans les années 1980 par Roger Chartier, le quatrième tome, consacré à la période 1900-1950, était intitulé *Le livre concurrencé* (Chartier et Martin, 1986). Il y était question de la radio, du cinéma et de la télévision, précisément en tant qu'ils ont chacun en leur temps été considérés comme des « concurrents » du livre, risquant d'entraîner sa disparition ainsi que celle de la civilisation y étant attachée. Alors que leur contribution au développement de la lecture des enfants assurait aux éditeurs jeunesse une forme de statut et de respectabilité sociale, passer au numérique pourrait leur faire perdre cette position légitime, les rétrogradant du statut d'acteur éducatif à part entière à celui de concurrent de la « vraie » lecture.

Dans différents travaux, Roger Chartier a évoqué cette « angoisse » sociale de voir disparaître la « culture du livre » du fait de l'avènement d'internet et le la multiplication des nouveaux formats de textes électroniques (Chartier et Lebrun, 1997). Ainsi dans un article intitulé « Lecteurs dans la longue durée : du codex à l'écran », il note

> les effets d'une révolution redoutée par les uns ou applaudie par les autres, donnée comme inéluctable ou seulement désignée comme possible : à savoir le bouleversement radical des modalités de production, de transmission et de réception de l'écrit. Dissociés des supports où nous avons l'habitude de les rencontrer (le livre, le journal, le périodique), les textes seraient désormais voués à une existence électronique : composés sur l'ordinateur ou numérisés [...], ils atteignent un lecteur qui les appréhende sur un écran (Chartier, 1995, p. 271).

[4] Voir par exemple les préconisations du rapport du Conseil National du Numérique (2014), *Jules Ferry 3.0. Bâtir une école créative et juste dans un monde numérique*, consultable à cette adresse : https://cnnumerique.fr/education-2/.

Catégoriser pour concevoir

Comme Chartier le montre à partir de nombreux exemples historiques remontant jusqu'au passage des livres en forme de rouleaux aux codex, « les significations, historiquement et socialement différenciées d'un texte, quel qu'il soit, ne peuvent être séparées des modalités matérielles qui le donnent à lire à ses lecteurs » (Chartier, 1995, p. 279). Le passage du livre papier à l'écran implique donc un changement des représentations et des « opérations mentales » liées à la lecture, qui peuvent être ressenties comme une « violence » et un danger culturel et éducatif.

Comme le montraient déjà Chamboredon et Fabiani dans l'enquête évoquée plus haut, les éditeurs jeunesse partagent cette vision normative de l'enfance et de la place de la lecture que nous avons commencée à circonscrire : la lecture de livres fait partie des expériences fondamentales et irremplaçables de l'enfance ; un enfant doit lire des livres et doit aimer cela. Mais à partir de cette conviction générale, les conceptions de la lecture et de l'enfant peuvent diverger assez fortement. S'appuyant sur des entretiens avec des éditeurs issus de différentes maisons d'édition, Chamboredon et Fabiani (1977, p. 70) avaient ainsi voulu cartographier le champ de ces conceptions de l'édition pour enfants à la fin des années 1970. Leur travail avait abouti à la construction d'un tableau à double entrée, présentant six éditeurs emblématiques d'albums pour enfants, en fonction de six facteurs déterminant leur position dans ce champ. Or, le premier de ces facteurs était la « définition de la petite enfance ». Suivaient le recours à la psychologie, la division des publics en âges, l'esthétique, le rapport à l'école et la fonction de la lecture. En revanche, la place des parents n'était pas considérée comme une variable déterminante.

Les éditeurs choisis étaient Grasset-Jeunesse, L'École des loisirs, La Farandole, Le Père Castor, Hachette et Bias. Certes, Bayard Jeunesse ne faisait pas partie de l'échantillon, mais la typologie des deux auteurs peut néanmoins lui être appliquée de différentes manières. Les éditeurs analysés se divisent selon leur volonté même de définir ou non l'enfance et la petite enfance. D'un côté, des éditeurs tels que Grasset et L'École des loisirs revendiquent fortement la dimension artistique de leurs projets éditoriaux et refusent à cause de cela « la distinction enfant/adulte », « l'enfantin traditionnel » ou « l'infantile ». L'album pour enfants doit être, selon eux, l'œuvre d'un artiste et non de psychologues. Cette œuvre peut être subversive, faire preuve de distanciation avec le réalisme ou avec toute forme de classicisme. L'idée même de division des collections en âges leur semble donc au mieux « peu importante », au pire « artificielle ». Au contraire, du côté du Père Castor ou de Hachette, on s'appuie sur les fondements de la psychologie piagétienne et sur l'expérience éditoriale pour procéder à un découpage en âge précis (5-7 ans, puis 8-13 ans chez Hachette par exemple). En termes esthétiques et de contenus, on ne s'adresse pas aux enfants de la même manière en fonction de leur appartenance à telle ou telle tranche d'âge. Bayard, on va le voir dans la seconde partie de cet article, se situe clairement du côté des éditeurs qui donnent une importance à la catégorisation en âge et qui revendiquent une spécificité de la production destinée aux enfants. Mais ils ajoutent à cela une autre dimension, qui leur est propre et qui n'apparaît pas dans la catégorisation de Chamboredon et Fabiani, celle de la place des parents dans la pratique de lecture des enfants.

Les enfants-lecteurs et leurs parents

La conception de livres numériques par Bayard Jeunesse s'inscrit ainsi dans le positionnement historique de cet éditeur, qui repose sur une forme particulière de *double adressage*. Son projet éditorial repose, on l'a dit, sur la stimulation des liens parents/enfants. L'objectif de cet éditeur n'est pas seulement de faire lire les enfants, mais de proposer des ouvrages qui permettent des modalités de co-lecture. Il ne s'agit donc pas là d'un double adressage lié uniquement à l'achat. On sait en effet que les produits destinés aux enfants sont conçus et présentés (packaging, mise en rayon dans les magasins) de manière à attirer à la fois les parents et les enfants (Woolgar, 2012 ; Cochoy, 2004 ; La Ville, 2005).

L'achat, qui ne peut être réalisé que par les parents ou avec leur aval, n'est déclenché que si ces derniers sont convaincus. Or ils peuvent l'être de deux manières : soit ils « cèdent » à la demande de leurs enfants (plus ou moins contre leur gré), soit ils achètent, car ils pensent que ce produit est « bon » pour leur enfant. Dans le meilleur des cas, le produit arrive à faire coïncider le désir des parents et des enfants, mais quoi qu'il en soit la question de l'usage réel est seconde.

Dans le cas de Bayard, on peut dire qu'il existe une ambition plus profonde, de réel co-usage parents/enfants, au-delà de ce moment de l'achat. L'objectif de Bayard n'est pas seulement que les parents et les enfants s'entendent sur le choix d'un livre, mais qu'ils le lisent ensemble. Cette préoccupation est bien antérieure à la période actuelle et à ses questionnements sur la numérisation de la lecture. Elle passe notamment par un recours régulier à des psychologues et à des orthophonistes, afin d'adapter au mieux les contenus proposés aux différents âges et publics[5]. On peut ajouter que Bayard, du fait même de son projet, de son histoire et de sa surface, pense son action sur le long terme et se donne les moyens autant que possible d'atteindre cet objectif affiché. Il ne s'agit pas pour cet éditeur de faire acheter une fois un livre pour enfant en jouant sur une impulsion d'achat vite déçue, mais au contraire de construire une relation durable avec les parents, notamment via les abonnements qui constituent l'un des fondements de son modèle économique. C'est ce que nous a rappelé L. Beaunée, alors directrice du développement jeunesse chez Bayard[6]. Travaillant chez Bayard depuis 2007, elle y a été recrutée à la suite d'un parcours centré sur le marketing digital, et comme elle nous l'explique en entretien, l'un des enjeux de sa mission est précisément la question de la fidélisation de publics, dans un environnement numérique beaucoup plus volatile que celui du papier. Car même chez les parents pour qui abonner son enfant à un journal papier, par exemple à *J'aime Lire*, pouvait constituer une routine, prendre un abonnement numérique ne va pas de soi : notre interlocutrice fait notamment référence à Netflix, fournisseur de films et de séries en ligne, comme exemple de réussite à suivre. C'est d'ailleurs à nouveau Netflix qui sera cité, en janvier 2017, lors du lancement de la nouvelle version de BayaM, l'application numérique de Bayard proposée avec un système d'abonnement et offrant des contenus multimédia évoluant avec l'âge de l'enfant et ses goûts[7].

La relation visée par Bayard avec le parent et l'enfant-lecteur est une relation durable, les enfants devenant par la suite des parents-clients. Comme le notaient déjà Chamboredon et Fabiani, les parents restent en ce domaine fidèles à un répertoire lié à leurs propres « souvenirs de lectures passées », notamment pour les parents cultivés :

> L'habitude de laisser choisir l'enfant, propre, semble-t-il, à certaines fractions intellectuelles des classes supérieures et prônée par certains professionnels, ne contredit pas cette affirmation, le choix étant, dans ce dernier cas, préparé ou orienté de façon plus ou moins subtile (1977, p. 63).

---

[5] Voir le site web du groupe http://www.bayard-jeunesse.com/actualites/l-engagement-de-bayard-jeunesse/ (Consulté le 4 janvier 2018).

[6] Entretien réalisé dans les locaux de Bayard Jeunesse, le 12 janvier 2015 à Montrouge.

[7] http://www.la-croix.com/Famille/Loisirs/Coup-jeune-pour-Bayam-application-jeunesse-Bayard-2017-01-26-1200820298 (Consulté le 4 janvier 2018).

Typiquement, dans le cas de *J'aime Lire*, les parents qui abonnent leurs enfants ont souvent été eux-mêmes abonnés à cette revue étant enfants. Cette relation avec les parents constitue donc un élément essentiel de la stratégie de Bayard, comme le montrent les différents documents produits à destination des parents[8]. Or une partie de ces documents se focalise actuellement sur la question de la lecture numérique, afin de devancer les questions ou les critiques possibles de parents potentiellement inquiets.

Cette question de la lecture numérique se pose notamment avec la numérisation de ce fleuron de Bayard Jeunesse : *J'aime Lire*[9]. Le titre de cette collection dit toute l'ambition de Bayard Jeunesse : faire « aimer » la lecture aux enfants et les rendre acteurs de leurs pratiques de lecture. Comment alors conserver et faire vivre cet amour de la lecture en abandonnant le livre papier ? Et au-delà même de l'amour de la lecture, se pose aussi la question du passage de la « littératie papier » à la « littératie numérique » (Bastide et Joigneaux, 2014). Avec cette dernière, de nouvelles compétences sont à développer pour les enfants et les parents, qui s'ajoutent aux anciennes sans les supprimer. Le passage de livres papier pour enfants à des applications numériques n'est pas une opération de translation neutre. Elle implique des changements profonds, non seulement des textes eux-mêmes, de leur forme et de leur contenu, mais aussi et peut-être surtout du rapport des apprentis-lecteurs à ces textes. Les modalités « d'appropriation » des livres (pour reprendre là encore un concept de Roger Chartier), c'est-à-dire les pratiques de lecture et les compétences nécessaires à la lecture, s'en trouvent bouleversées (Chartier et Lebrun, 1997).

On le voit, avec le développement des outils de lecture numérique, les éditeurs jeunesse sont confrontés à un défi particulier. Ce défi est rendu d'autant plus saillant pour un acteur tel que Bayard, dont le projet repose sur l'affirmation d'une vision éducative au sens fort et sur une approche spécifique de l'édition jeunesse reposant sur le co-usage parent-enfant. On a vu que pour Chamboredon et Fabiani (1977) les différences de conception de l'enfance jouent un rôle déterminant dans la structuration du « champ » de l'édition jeunesse, en articulation avec d'autres facteurs (appréciation du marché par les acteurs, structuration professionnelle des maisons d'édition, modalités de régulation, entre autres). Mais les

---

[8] Voir par exemple :http://www.bayard-jeunesse.com/valeurs-bayard-jeunesse/cp-apprendre-a-lire-quelle-aventure/ (Consulté le 4 janvier 2018).

[9] *J'aime lire* est un mensuel édité depuis 1977 par Bayard. Il est destiné aux apprentis lecteurs (7-10 ans). Chaque numéro propose un mini-roman original en plusieurs chapitres, des jeux et une bande dessinée aux héros récurrents (TomTom et Nana, Ariol…).

deux sociologues insistent également sur l'importance de la formation professionnelle des éditeurs, voire de leur « habitus » d'éditeur, qui va également jouer de manière fondamentale sur leur appropriation de ce marché particulier de l'édition jeunesse. Autrement dit, les normes et les pratiques professionnelles de l'édition au sens large doivent aussi être prises en compte lorsqu'on s'intéresse à ce « sous-champ » de l'édition jeunesse, malgré toutes ses particularités. C'est ce que nous allons observer à présent, en nous concentrant sur les pratiques de différents professionnels impliqués dans la conception des livres numériques de Bayard. Comment ceux-ci s'approprient-ils les grands enjeux évoqués plus haut (susciter l'amour de la lecture malgré la disparition du papier…) ? Et surtout, comment traduisent-ils concrètement cette ambition ainsi que le positionnement spécifique de Bayard (favoriser les relations parents-enfants) dans ces outils numériques ?

Le pacte de lecture relationnelle à l'épreuve de la conception d'objets numériques

La conquête par l'édition jeunesse et par Bayard d'un lectorat toujours plus jeune, suivant en cela les transformations associées du système éducatif et les attentes des parents les mieux-disant culturellement, s'est opérée au fil des années 1970 et 1980. Si l'on peut dire qu'un modèle Bayard a vu le jour voici une trentaine d'années au moins, qui fait du parent l'intermédiaire privilégié et même nécessaire de la relation aux livres, et auquel les éditeurs s'adressent mensuellement à travers un cahier détachable, celui-ci n'a depuis lors cessé d'être interrogé, voire bousculé, au fil des vagues d'innovations pédagogiques et surtout informatiques, électroniques et numériques et de leurs promesses respectives. Nous pensons en particulier au travail des professionnels allant dans le sens de l'ajout de jeux et jouets supposés rendre plus attractifs le magazine ou le livre, à la conception d'enregistrements sonores et à la place des documents audiovisuels, aux dispositifs ludo-éducatifs « interactifs » caractéristiques du moment « multimédia » avec ses CD-ROM sous film plastique, puis aux sites internet rassemblant et donnant accès à des contenus complémentaires du fascicule, etc. Ceci jusqu'à la mise en ligne et sur plateformes d'achat des ouvrages et magazines eux-mêmes, dernière étape en date accompagnant le lent essor d'un marché des liseuses, téléphones et tablettes numériques et de leurs contenus textuels.

L'intérêt tout particulier de la période dont nous rendons compte ici (l'arrivée du livre numérique à côté du livre papier, au cours des années 2010) nous semble moins de proposer des ajouts ou compléments à l'objet livre que de recentrer les questionnements des professionnels sur les pratiques de lecture et le rapport aux livres et aux magazines eux-mêmes – même si ces deux dimensions de leurs activités ne sont pas sans lien comme nous allons le voir. En effet, parce que la diffusion des technologies de l'information et de la communication s'est historiquement articulée à une individualisation approfondie des usages (Flichy, 2004) – dont le téléphone mobile constitue le meilleur et le plus récent exemple –, l'usage des technologies en solo ou « ensemble séparément » représente une épreuve notable pour un éditeur jeunesse tel que Bayard, en particulier à l'attention de son lectorat le plus jeune, i.e. celui qui en théorie n'a pas appris à lire mais dont le rapport au livre n'en est pas moins central (avant 6 ans, et y compris avant 3 ans, et dans les faits dès les tout premiers mois de l'existence). La place occupée par les ouvrages de tous types dans les écoles maternelles, mais aussi les crèches, atteste de leur centralité dans le « métier d'enfant » (Chamboredon et Prévot, 1973 ; Boltanski, 1969), entre « le plaisir et le devoir » (Fabiani, 1995). Au fil du temps, leur variété et la diversité de leurs catégorisations à l'attention des enfants de 6 mois à 6 ans (albums, imagiers, abécédaires, etc.) mais aussi la diversité de leurs matérialités (choix des matières et rôle du toucher, carton renforcé, papier indéchirable, lavable, coins arrondis, livres plastique conçus pour jouer et lire au bain, etc.) et des divers dispositifs qui leur sont intégrés (par exemple pour diffuser des sons, à l'aide de piles et de boutons contact) n'ont pas ou peu cessé de conserver un principe durablement hérité d'une forme déjà moderne du livre : un objet composé de pages ordonnées qu'il s'agit de tourner. Parce que la conception des applications numériques (pour le web comme pour les tablettes et téléphones) est susceptible de remettre en cause ce principe routinisé, on comprend mieux l'enjeu et les difficultés pour les professionnels à revenir sur ces bases.

Dès lors, dans quelle mesure ces projets contemporains ne risquent-ils pas de rompre avec le modèle stabilisé de co-usage et de co-lecture ? Quelles stratégies de conception sont mises en œuvre afin d'éviter une telle rupture ? Dans quelle mesure ce qui a été historiquement inscrit dans le dispositif « livre pour enfants et ses parents » est-il susceptible de perdurer ? Dans un premier temps, nous verrons la façon dont les professionnels thématisent ces enjeux et la place accordée à l'enfant en tant qu'usager, pour reprendre un terme de la sociologie de l'innovation, au sein de leur travail de conception. Dans un second temps, nous détaillerons plus spécifiquement les quelques efforts réalisés afin de prendre en compte les pratiques effectives des enfants les plus jeunes face à la lecture sur tablette numérique.

La délicate transposition des contenus vers le numérique

> L'équipe Bayard Kids, elle est née autour d'un certain nombre de personnalités qui venaient du monde de l'enfance qui s'intéressaient au numérique et de gens du numérique qui s'intéressaient au monde de l'enfance. Après, c'était l'idée de dire… On a eu de grandes engueulades, de grands moments, forts, parce que très souvent, l'expression de l'expert de l'enfance va décrire quelque chose de fini et le développeur, l'homme de la technique imagine tout un champ du possible que l'expert du monde de la petite enfance ne voit pas, parce qu'il ne devine pas ce qu'on peut faire avec le logiciel, toutes les interactivités, tout ce qu'on peut créer, reprogrammer, faire avec l'algorithmique et cette rencontre-là, c'est un jeu du chat et de la souris (Chargé de projet et ancien responsable de BayardKids.com – entretien, 2015).

Le premier résultat de l'enquête revient à souligner un fait sur lequel les acteurs insistent d'eux-mêmes avec force : leur travail de conception numérique est, avant tout, un travail de reprise et d'adaptation d'œuvres existantes, qu'il s'agit donc de parvenir à transposer. La plateforme BayaM (qui donne accès en 2015 aux titres jeunesse de Bayard et Milan et à des contenus et activités associés tels que des dessins animés) constitue ainsi, avec le J'aime Lire Store, Radio Pomme d'Api (webradio), le site web « Un jour, une actu », et divers projets d'application pour smartphone (notamment avec Toboggan au Canada) et de dessins animés (avec la Fabrique d'Images), l'un des espaces destinés à transposer des collections de contenus pensés en interaction les uns avec les autres, avec des « héros » récurrents et identifiés. Cette logique de constitution de collections autour de « héros » produit une transformation notable durant la première décennie des années 2000 marquée par les réflexions autour de la dimension transmédia[10] de l'offre. Pour Bayard, cette question a d'ailleurs donné lieu à la création d'un « pôle héros » transversal aux diverses rédactions des titres de presse jeunesse du groupe. Ce pôle gère donc les héros du groupe (SamSam, Petit Ours Brun,

---

[10] Par le terme « transmédia », nous rendons compte de l'usage observé de ce terme au sein des services de l'entreprise enquêtée. Celui-ci nous est apparu comme étant un usage vernaculaire, utilisé sans référence particulière à des publications académiques explicitant ce thème, à l'image des travaux de Henry Jenkins (2013 [2006]) ou Marc Steinberg (2012).

Les petits Philosophes…) et leur transposition sur les différents supports papier et web. De l'aveu même de l'un des directeurs généraux du groupe, la création de ce pôle transversal a constitué une véritable révolution pour les rédactions des titres. En effet, les héros étaient jusque-là conçus comme des rubriques associées à un titre (TomTom et Nana avec *J'aime Lire*, Petit Ours Brun avec *Pomme d'Api…*). Chaque héros était donc conçu par les rédactions à travers le prisme du « contrat de lecture » – selon les termes du directeur général du groupe – spécifique à un titre de presse donné. Il était donc impensable, pour les rédactions, de concevoir des développements « hors-sol » de leur héros.

Conjointement à ce découpage préexistant des logiques d'accès et de segmentation de l'offre éditoriale, un second point qui ressort autant de la sociologie économique que de la sociologie du travail et des organisations joue un rôle central dans la liaison entre production et transposition. Au fil des expérimentations et services en ligne qui se succèdent depuis une quinzaine d'années (Clic d'Api – en référence à *Pomme d'Api* –, Bayard Kids), les toutes dernières étapes, particulièrement BayaM et le J'aime Lire Store, font face à des attentes de rentabilité, ou sont tout au moins sommées de dégager des revenus significatifs, chose rendue difficile à la fois par le travail de portabilité technique (variété des plateformes et outils de consultation) et par les contraintes posées par les nouveaux intermédiaires du web en matière de vente d'ouvrages en ligne (en l'occurrence les conditions posées par l'App Store de la société Apple). Ces exigences rendent difficile la possibilité d'initier de nouvelles créations originales : la voie de la transposition de contenus préexistants graphiques et audiovisuels souvent développés à l'occasion d'un moment « multimédia » semble clairement dominer. Malgré des coûts non négligeables, la transposition demeure meilleur marché que la création, d'où l'idée d'un certain « classicisme » que tient à préciser une responsable interviewée :

> Je veux corriger ce mot de « classicisme », je veux le corriger parce que ça prête à confusion. Je vais parler d'un parcours de lecture qu'il faut assurer. Il vient d'où, il vient du fait que les pages que nous publions dans le J'aime Lire Store, que nous éditons, que nous adaptons, elles existent déjà sous forme de lecture papier, ce sont des pages de magazines ou des histoires publiées dans des magazines ou des histoires reprises par Bayard Éditions, donc la forme du livre est inscrite dans sa première forme de publication. On est dépositaire de ces matériels et de ces fichiers, même, et de ces droits que les auteurs nous ont cédés. On adapte beaucoup de choses mais la forme est donnée déjà avant que ce matériel n'arrive à nous et qu'on le choisisse (Responsable du J'aime Lire Store – entretien, 2015).

L'évocation de cette opportunité et le type de contraintes qu'elle exerce sur l'activité de production rapproche fortement la fonction de production du service marketing, comme le souligne en 2015 également la responsable de Bayard Kids au sujet du mode de présentation et de personnalisation des espaces en ligne par les enfants :

> La Bibliothèque pour l'enfant[11], voilà, une fois qu'on a acheté les livres, l'enfant a un espace, c'est sa bibliothèque où les livres apparaissent et où il doit pouvoir aller les chercher lorsqu'il veut les lire, bon, aujourd'hui c'est extrêmement basique, à la fois pour des raisons de développement progressif du projet mais on peut imaginer énormément de choses autour de la bibliothèque, donc l'enfant a envie de personnaliser le papier peint de sa chambre, l'organisation de ses livres, le classement, une mascotte, enfin je n'en sais rien, plein de choses, qui sont au-delà du commercial, du marketing mais qui quand même on a un petit peu affaire au marketing, parce que ça a trait à ce qu'on appelle, nous, des fonctions engageantes, c'est-à-dire que c'est ce qui fait qu'on aime bien sa bibliothèque ou qu'on aime bien son produit et qu'on va revenir et qu'on va venir acheter plus souvent des livres dans J'aime Lire Store. Vous voyez, c'est très, très imbriqué (Responsable de Bayard Kids – entretien, 2015).

Transposition et innovation ne sont donc évidemment pas antinomiques – la première pouvant être perçue comme une forme de la seconde –, mais semblent bien dans ce cas fonctionner selon l'hypothèse forte de Chamboredon et Fabiani (1977), selon laquelle le marché des albums pour enfants serait « un marché à renouvellement lent », donc peu innovant par rapport à d'autres secteurs de l'édition, du fait de la grande proportion des classiques et des rééditions. Ainsi, les auteurs indiquent que, pour l'année 1973, la proportion des nouveautés dans l'ensemble des titres publiés est de 53,4 % pour la littérature générale et seulement de 32,8 % pour les livres pour la jeunesse. Pour autant, l'histoire longue des projets d'édition numérique de Bayard souligne plutôt que l'innovation est très distribuée dans le temps, avec des phases de création tous azimuts de contenus associés aux activités de lecture (images et dessins originaux, sons, animations multimédia, etc.) et de réarticulation de ces contenus avec des formats et des offres associés au renouvellement fréquent. La stabilité relative du catalogue et la présence récurrente de contenus anciens peuvent toutefois se comprendre comme une des raisons de l'intérêt des parents, ainsi susceptibles de partager un élément de culture commune avec un enfant.

---

11 Il s'agit d'un espace spécifique de la plateforme.

Pour l'essentiel, et de la façon la plus immédiatement visible, les enjeux de transposition des histoires et contenus existants relèvent donc premièrement de considérations organisationnelles et économiques. Entre contrainte et opportunité de réexploitation du catalogue en mode numérique, l'adressage au consommateur désigne en priorité les parents et les professionnels (de la petite enfance) vecteurs de diffusion, d'achat et d'abonnement – et construit un message de stabilité et de continuité dans ce qu'offre l'éditeur. Si au terme de l'enquête, cette vision semble bel et bien ajustée aux pratiques professionnelles, elle masque néanmoins les formes de prise en compte des enfants d'une part, et du « pacte de lecture » de l'autre, dans la lignée du co-usage construit au fil du temps par Bayard.

Comment les professionnels se soucient-ils des usages enfantins et du co-usage parent-enfant ?

L'essentiel des études dédiées au rôle des usagers dans le processus d'innovation et de conception de dispositifs et de technologies depuis les années 1970 au moins ont mis en évidence la faible préoccupation que les ingénieurs et producteurs ont au final pour leurs usagers. Les tenants de la thèse d'une « construction sociale des technologies » (ou SCOT au sein des études anglo-saxonnes sur les sciences et les techniques, STS) ont mis en évidence dans une variété de cas, de l'« invention » du téléphone à celle de la radio ou du micro-ordinateur, que le peu d'intérêt systématique des concepteurs pour leurs utilisateurs finaux n'exclut en rien que les usagers jouent un rôle prépondérant dans le *design* et le succès d'une innovation, et que leurs critiques ou leur retrait participe de re-conceptions incessantes par les professionnels en charge de leur fabrique (pour une synthèse, voir Oudshoorn et Pinch, 2003). Parmi ces travaux, Madeleine Akrich a notamment montré que lorsque les concepteurs parlent des utilisateurs et les mobilisent dans leur travail, ils invoquent surtout une figure abstraite dans laquelle ils se projettent : c'est la « I-Methodology » (Akrich, 1987) ou méthodologie du « Je » à travers laquelle chaque professionnel se transpose en usager qu'il est ou pourrait être, et parle donc à partir de sa propre expérience, passée ou présente, imaginée ou concrète. Avec d'autres, Akrich souligne également que lorsque des méthodologies telles que les *focus groups* convoquent des usagers pour leur donner la parole, les utilisateurs les plus experts et à même de saisir l'occasion donnée se muent en porte-paroles d'un usager alors plus éloigné de la variété des façons de voir et de faire avec l'outil, l'objet, le service, qu'il s'agisse d'un livre, d'une tablette numérique ou d'une interface web.

Dans le cas de Bayard et de l'édition pour la petite enfance, les usages associés au numérique sont perçus comme en rupture à la fois avec les usages antérieurs de la lecture, les modes d'organisation de la production et ce que constitue le produit « fini » pour la maison d'édition :

> Le fait de fabriquer un journal, les règles de mise en page, le rapport texte-image, les outils pour fabriquer ce magazine, tout ça, ça fait quarante ans qu'on le fait. Donc vous n'imaginez pas le côté industriel, en plus comme il y a une économie en difficulté, ça oblige les gens à faire beaucoup plus en moins de temps, donc tout est hyper bien rôdé, chacun est à sa place, mais dans ce qu'on appelle un *workflow*, c'est-à-dire un enchaînement de tâches très précis, pour faire que tous les mois, l'enfant reçoive dans sa boîte aux lettres un journal. [...] Et puis arrive Internet qui change tout et où en fait, à partir du moment où on pense un produit sur numérique, ce produit non numérique n'a pas de fin, n'a jamais de fin, il faut toujours le mettre à jour. La notion même de mise à jour d'un logiciel, confrontée à un produit fini comme un journal, c'est intellectuellement quelque chose... Quand la rédaction arrive avec ses critères de qualité, son premier critère de qualité, c'est de déterminer si le produit fini qu'on va mettre entre les mains est réellement fini. Mais dans le numérique, dans le développement de logiciels, c'est là où on a inventé le versioning, la version 1, la version 2, la version 3 (Chargé de projet et ancien responsable de BayardKids.com – entretien, 2015).

Si la prise en compte des usagers par les concepteurs constitue donc traditionnellement une épreuve extrêmement délicate, et souvent reléguée en raison de son coût substantiel, elle prend dans le cas présent une nouvelle ampleur : comment prendre en compte la pratique et les représentations que se font les enfants, et tout particulièrement les plus jeunes, de ce que produit Bayard ? Comment alors saisir le co-usage et ses possibles reconfigurations ?

Le modèle initial de cette entreprise éditoriale a reposé, depuis les années 1970 et de façon continue, sur l'intégration d'un avis professionnel, en l'occurrence d'une orthophoniste, pour discuter des livres et magazines produits et de leur adéquation aux tranches d'âge élaborées et redéfinies, ainsi que des dimensions de littératie et des différentes pratiques de lecture proposées. Ce rôle repose sur la construction d'une expertise professionnelle qui ne met pas ou peu en scène les enfants eux-mêmes, ainsi que les parents, même si nous n'avons pu observer de façon précise la construction et la mobilisation de ce savoir. Sur ce point, soulignons que, paradoxalement, les services en ligne, avec leurs traces d'usages générées automatiquement (à partir des clics, du temps passé sur un écran, une page, etc.), ne constituaient pas pour Bayard une source de connaissance décisive pour la conception pratique des applications, et tout juste une ressource pour les acteurs du marketing (pour une situation plus contrastée, *cf.* Chung et Grimes, 2005). Encore une fois, on retrouve cette attention somme toute limitée pour les usages réels d'un objet – le livre – qui peut paraître archi connu et même maîtrisé. De plus, la prise en compte des avis des enfants, ne serait-ce que sur un plan méthodologique, pose une série de problèmes bien connus des sciences sociales (Danic, Delalande et Rayou, 2006).

Notre enquête nous a conduits à faire l'hypothèse que l'enfant porte le principe de la « I-Methodology » à un paroxysme : parce que chaque adulte-professionnel a été enfant, ses souvenirs et son expérience sont susceptibles de le faire se projeter en lieu et place des enfants-lecteurs des années 2010. Plus encore, parce que l'essentiel des professionnels interviewés sont aussi des parents, qu'il s'agisse de responsables de collection, du marketing, de chargés de production ou d'édition, d'illustrateurs ou encore d'auteurs, tous peuvent se projeter dans les deux rôles. La question de savoir dans quelle mesure objectiver la connaissance des usages effectifs par les enfants et/ou leurs parents eux-mêmes n'est donc pas théorisée et est loin de faire l'objet de pratiques systématiques et régulées. Elle émerge néanmoins ponctuellement, à l'occasion de la mise en œuvre de « séances d'observation », réalisées à la médiathèque toute proche du siège de Malakoff.

Organisées de façon intermittente au gré des nouveautés « à tester », elles visent à mettre des enfants présents ce jour-là aux prises avec les applications développées et à observer leur appréhension du dispositif, leurs interactions éventuelles et les propos tenus, voire d'engager des formes d'échange variées (discussion libre, questions conçues en amont, etc.). Réalisées par des membres volontaires des équipes de production, ces observations constituent une occasion rare de se confronter à des situations d'usage, fussent-elles contextualisées par la médiathèque, l'accord d'un parent, etc. La mise en test d'applications à l'attention des plus jeunes s'avère particulièrement délicate : qu'observer, que tester, que déduire de tel ou tel comportement manifesté, de tel ou tel propos ? Notre enquête rejoint en cela l'étude de Thévenot (1993) des rapports humains aux « objets usuels » dans laquelle il s'intéresse aux concepteurs de poussette qui, s'ils pensent eux aussi en premier lieu aux parents acheteurs (et utilisateurs), problématisent l'usage des enfants comme une véritable énigme à résoudre :

> Lorsque l'utilisateur est un enfant, il remet en question la notion d'utilisation raisonnable. Tous les protagonistes de l'entreprise d'extraction des propriétés se lamentent sur une ingéniosité, un génie quasi-diabolique, une malice exercée à déjouer les fonctions des objets [...]. Pis, les jouets d'« éveil » plongent de plus en plus précocement les enfants dans un environnement d'objets éducatifs et ne font que développer cette astuce (Thévenot, 1993, p. 10).

Concrètement, sur quelles fonctionnalités de l'objet « livre numérique » se concentrent les concepteurs ? Dans le cas des tests d'applications, où les professionnels présents ne sont pas les plus techniciens (en matière de programmation et de *design* numérique), le « parcours de lecture » lié à l'orientation dans les applications et à la tension entre exploration et cheminement clair (risque de se perdre *vs.* cheminement imposé) et leurs hybridations est ainsi très scruté. Les bons choix sont-ils proposés au bon moment, et sont-ils clairement perçus par l'enfant ? Et surtout, quels co-usages sont ainsi rendus possibles (ou non) pour enfants et parents, face ou autour de la tablette, de l'écran ? Force est de constater que la défense du co-usage a été d'abord perçue à travers les interpellations parentales, comme le souligne l'ancien responsable de Bayard Kids en 2015 :

> On s'était dit : sur les titres pour les petits, c'est important de proposer toujours l'audio [...] il faut que le parent puisse quand même lire. Et en fait, ça nous paraissait évident que le parent allait couper le son s'il voulait lire. [...] Mais assez vite, il y a quelques parents qui, assez violemment, nous ont dit « je ne veux pas votre truc, vous m'excluez totalement ». [...] Il suffisait d'ajouter un bouton pour dire « je lis à mon enfant » ou « j'écoute l'histoire », finalement, quelque part, c'était une manière de réintégrer le parent et ça revenait à couper le son, de juste dire « c'est moi qui lis » plutôt que de dire qu'il allait le faire tout seul. C'était envoyer un signal aux parents que oui, ils faisaient partie du projet et qu'à ce stade-là c'était normal. C'est du détail, mais ce n'est pas du détail.

Ce détail qui n'en est pas un rejoint encore l'analyse de Madeleine Akrich au sujet de la conception, où les *designers* « scriptent », via la matérialisation technique, des scénarios d'usages spécifiques, facilitant certains, parfois au détriment d'autres. À travers la conceptualisation, certaines formes d'usage social sont ainsi rendues impossibles, ou en tous cas moins évidentes ou plus délicates. Ici encore, considérer de façon privilégiée l'usage solitaire des enfants à travers les potentialités d'autonomisation des tablettes se heurte à l'usage qui est la marque de fabrique de Bayard Jeunesse : le co-usage parent-enfant, qu'il s'agit donc de réinscrire comme un scénario non seulement possible mais bien central des applications produites. L'articulation des observations réalisées, centrées sur les enfants, et les retours de courriers et avis des parents, qui se muent parfois en porte-paroles des enfants lors des observations, ont donc contribué à stabiliser une forme de script qui dès le tout premier écran scénarise plusieurs parcours, pour l'enfant seul, pour l'enfant et le parent, avec audio ou non, etc. Notons que cette stabilisation n'est que partielle, comme l'ouverture à d'autres scénarios est toujours une possibilité : les séances d'observation ont ainsi mis en avant la part du co-usage entre enfants d'âges distincts (typiquement, dans la fratrie, avec le rôle des grandes sœurs et grands frères). Enfin, il existe à l'heure actuelle des possibilités impensées par l'organisation, auxquelles les sociologues coutumiers des études sur les pratiques numériques des jeunes ne peuvent pas ne pas songer : quid par exemple de la lecture collective à distance, et des formes de jeu en ligne avec des copines et copains déjà connus, ou même… non connus dans l'entourage ?

Conclusion. Réinterpréter des normes éducatives pour concevoir des activités relationnelles numériques

La conception d'applications informatiques et la reconfiguration conjointe des supports et des activités de lecture des plus jeunes se heurtent depuis une trentaine d'années aux interrogations inquiètes sur les effets des machines dans la socialisation des enfants (Turkle, 1986 ; Selwyn et Facer, 2013). Elle constitue un domaine où l'effervescence de l'innovation technique et du rapport aux apprentissages le dispute aux vieilles recettes et routines de la production économique de l'édition jeunesse. Dans le cas de Bayard, les modalités de co-inclusion des parents et des enfants dans le rapport aux livres incarnent la tension essentielle qui agit au cœur de l'organisation. L'inquiétude qui saisit les acteurs en présence nous semble moins être celle d'une inadéquation des dispositifs aux enfants – ou encore le fait que Bayard puisse produire des contenus « inappropriés » – mais le fait que les parents se trouvent progressivement exclus des pratiques de leurs plus jeunes enfants, ou moins invités à y participer, à les engager et à les vivre de façon conjointe. Le positionnement de Bayard, à travers ses différentes modalités d'appropriation professionnelles se traduit par trois niveaux d'action : 1. des actions de réassurance théorique du projet de Bayard ; 2. des actions rendant techniquement possibles les co-usages numériques parents-enfants ; 3. des actions correctives pour affiner les usages par tranches d'âge.

Comme il a été maintes fois montré vis-à-vis des adultes, les activités de conception, les imaginaires et les pratiques des concepteurs, le *design* des objets, le travail des ingénieurs et des organisations dans lesquelles ils prennent place s'avèrent le plus souvent oublieux des usages réels, finalement assez méconnus. Il en va strictement de même pour les enfants. Le constat général, posé notamment par Woolgar (2012), rejoint les observations de Cook (2008) depuis la perspective des consommations enfantines, et conduit à poser de nouveau le débat de l'*agency* des enfants, par-delà des barrières d'âge toujours plus précoces. Si créer des catégories d'âge est historiquement un moyen d'orienter les consommateurs vers des produits et d'élargir leur base de clients, le cas de Bayard montre que le fait de catégoriser les enfants par âge peut aussi être présenté comme un moyen de développer leur *agency*, grâce à un discours de légitimation élaboré, pour parer aux « risques éducatifs » liés à l'usage de nouvelles technologies. Les nouveaux supports numériques ne constituent de ce point de vue qu'une actualisation de stratégies plus anciennes, stabilisées dès les années 1980, pour toucher les enfants et surtout leurs parents.

Finalement, Bayard n'essaie pas simplement de « configurer l'usager-utilisateur », pour reprendre le concept de Woolgar (1991). Il s'agit plutôt ici de favoriser une certaine « relation entre utilisateurs » à travers des modalités d'interaction parents-enfants. C'est ce projet et cette intentionnalité que l'éditeur s'efforce d'inscrire à travers des générations technologiques différentes, allant contre les configurations d'usages et les spécifications propres à ces technologies, comme l'individualisation croissante des supports notamment. Le livre papier lui-même avait déjà connu ce processus historique long d'individualisation d'une lecture solitaire et silencieuse : maintenir des activités collectives autour de la lecture ou de l'objet livre n'a donc rien d'évident, que celui-ci soit numérique ou non.

Bibliographie

Akrich, M. (1987), « Comment décrire les objets techniques ? », *Techniques et culture*, n° 9, p. 49-64.

Bach, J.-F., Houdé, O., Léna, P. & Tisseron, S. (2013), *L'enfant et les écrans : un avis de l'Académie des sciences*, Paris, Le Pommier.

Bantigny, L. (2008), « Les deux écoles. Culture scolaire, culture des jeunes : genèse et troubles d'une rencontre, 1960-1980 », *Revue française de pédagogie*, n° 163, p. 15-25.

Barrère, A. & Jacquet-Francillon, F. (2008), « La culture des élèves : enjeux et questions », *Revue française de pédagogie*, n° 163, p. 5-13.

Bahaud, M., Destal, C. & Pecolo, A. (2011), « L'approche générationnelle de la communication : placer les publics au cœur du processus », *Communication et organisation*, n° 40, p. 5-18, http://journals.openedition.org/communicationorganisation/3508.

Bastide, I. & Joigneaux, C. (2014), « Littératie précoce, albums et lectures partagées à l'école maternelle », *Spirale*, n° 53, p. 9-19.

Boltanski, L. (1977 [1969]), *Prime éducation et morale de classe*, Paris, Mouton.

Bucciarelli, L. L. (1994), *Designing Engineers*, Cambridge, The MIT Press.

Buckingham, D., Bragg, S. & Kehily, M.J. (dir.) (2014), *Youth Cultures in the Age of Global media*, London, Palgrave and Macmillan.

Buckingham, D. & Jensen H.S. (2012), « Beyond Media Panics », *Journal of Children and Media* 6, n° 4, p. 413-429.

Chambat-Houillon, M.F. & Jost, P. (2003), « Parents-enfants : regards croisés sur les dessins animés », *Informations sociales*, n° 111, p. 62-71.

Chartier, A.-M. (2005), « L'enfant, l'école et la lecture : les enjeux d'un apprentissage », *Le Débat*, n° 135, p. 194-220.

Chartier, A.-M. (2013), « Faire lire les débutants : comparaison de manuels français et américains (1750-1950) », *Histoire de l'éducation*, n° 138, p. 35-68.

Chartier, R. (dir.) (1985), *Pratiques de la lecture*, Marseille, Rivages.

Chartier, R. (dir.) (1995), *Histoires de la lecture : un bilan des recherches : actes du colloque des 29 et 30 janvier 1993, Paris*, Paris, IMEC.

Chartier, R. & Lebrun, J. (1997), *Le livre en révolutions : entretiens avec Jean Lebrun*, Paris, Textuel.

Chartier, R. & Martin, H.-J. (dir.) (1991), *Histoire de l'édition française. Tome 4, Le livre concurrencé (1900-1950)*, Paris, Fayard et Le Cercle de la librairie.

Chevassus-au-Louis, N. (2006), *Les briseurs de machines : de Ned Ludd à José Bové*, Paris, Seuil.

Chamboredon, J.-C. & Prévot, J. (1973), « Le métier d'enfant. Définition sociale de la prime enfance et fonctions différentielles de l'école maternelle », *Revue française de sociologie*, vol. XIV, p. 295-335.

Chamboredon, J.-C. & Fabiani, J.-L. (1977), « Les albums pour enfants [Le champ de l'édition et les définitions sociales de l'enfance - 1] », *Actes de la recherche en sciences sociales*, n° 13 (1), p. 60-80.

Chung, G. & Grimes, S.M. (2005), « Data Mining the Kids: Surveillance and Market Research Strategies in Children's Online Games », *Canadian Journal of Communication*, vol. 30, p. 527-548.

Cochoy, F. (dir.) (2004), *La captation des publics : C'est pour mieux te séduire, mon client…* Toulouse, Presses Universitaires du Mirail.

Cook, D.T. (2008), « The missing child in consumption theory », *Journal of Consumer Culture*, vol. 8, n °2, p. 219-243.

Dagiral, É. & Tessier, L. (2010), « La délicate articulation des cultures scolaire et jeune. Les usages de Twilight de quelques professeurs d'un lycée de ZEP », *Actes du colloque international Enfance & Cultures*, Paris, Ministère de la Culture et de la Communication, http://www.enfanceetcultures.culture.gouv.fr.

Danic, I., Delalande, J. & Rayou, P. (2006), *Enquêter auprès d'enfants et des jeunes : objets, méthodes et terrains de recherche en sciences sociales*, Rennes, Presses Universitaires de Rennes.

Fabiani, J.-L. (1995), « Le plaisir et le devoir : remarques sur la production et la réception de livres destinés à la petite enfance », *La Revue des livres pour enfants*, n° 163-164, p. 66-72.

Flichy, P. (2004), « L'individualisme connecté entre la technique numérique et la société », *Réseaux*, 124, p. 17-51.

Garnier, P. (2012), « La culture matérielle enfantine : catégorisation et performativité des objets », *Strenæ*, n° 4, http://journals.openedition.org/strenae/761.

Garnier, P. (2013), « Produits éducatifs et pratiques familiales à l'âge de la maternelle : l'exemple des cahiers d'activités parascolaires », *Revue internationale de l'éducation familiale*, n° 34, p. 133-149.

Houssaye, J. (2014), *Le triangle pédagogique : les différentes facettes de la pédagogie*, Issy-les-Moulineaux, ESF Éditeur.

Ito, M. (2009), *Engineering Play: A Cultural History of Children's Software*, Cambridge, The MIT Press.

Jenkins, H. (2013 [2006]), *La culture de la convergence : Des médias au transmédia*, Paris, Armand Colin.

La Ville, V.-I. de (dir.) (2005), *L'enfant consommateur : variations interdisciplinaires sur l'enfant et le marché*, Paris, Vuibert.

Norman, D. (1989), *The Design of Everyday Things*, New York, Doubleday.

Oudshoorn, N. & Pinch, T. (dir.) (2003), *How Users Matter: The Co-construction of Users and Technology*, Cambridge, The MIT Press.

Selwyn, N. & Facer, K. (2013), *The Politics of Education and Technology: Conflicts, Controversies, and Connections*, New York, Palgrave Macmillan.

Silverstone, R. (2007), *Media and Morality: On the Rise of the Mediapolis*, Cambridge, Polity.

Sirota, R. (dir.) (2006), *Éléments pour une sociologie de l'enfance*, Rennes, Presses Universitaires de Rennes.

Steinberg, M. (2012), *Anime's Media Mix: Franchising Toys and Characters in Japan*, Minneapolis, University of Minnesota Press.

Thévenot, L. (1993), « Essai sur les objets usuels : propriétés, fonctions, usages », in B. Conein, N. Dodier & L. Thévenot (dir.), *Les objets dans l'action*, Paris, EHESS (Raison pratique 4), p. 85-111.

Turkle, S. (1986), *Les enfants de l'ordinateur*, Paris, Denoël.

Woolgar, S. (1991), « Configuring the User: The Case of Usability Trials », in J. Law (dir.), *A Sociology of Monsters: Essays on Power Technology and Domination*, London, Routledge, p. 58-102.

Woolgar, S. (2012), « Ontological child consumption », in A. Sparrman, B. Sandin & J. Sjöberg (dir.), *Situating Child Consumption: Rethinking Values and Notions of Children, Childhood and Consumption*, Lund, Nordic Academic Press, p. 33-51.

L'appel des applis

Logiques et lieux de l'adressage dans le domaine des applications mobiles pour enfants

Sébastien François

Experice, Université Paris 13-Sorbonne Paris Cité

Dans un ouvrage récent, les psychologues américains Howard Gardner et Katie Davis n'ont pas hésité à parler d'« *app generation* » à propos des adolescents des années 2010 (Gardner et Davis, 2014). Il est vrai que dans les pays développés, leur quotidien a été marqué par l'arrivée brusque et massive d'appareils mobiles et tactiles (smartphones, tablettes, etc.), dont le fonctionnement repose essentiellement sur ce qu'il est convenu d'appeler « applications » : programmes spécifiquement conçus pour ces terminaux, dédiés le plus souvent à une seule fonctionnalité ou logiciel, celles-ci sont téléchargeables, gratuitement ou non, sur des plateformes en ligne dédiées, tels l'App Store (pour les produits Apple) ou le Google Play (pour ceux ayant un système d'exploitation Android). Le sociologue tiquera sans doute à l'emploi du mot « génération », parce qu'il tend à trop homogénéiser les situations, mais les taux d'équipement numérique en croissance dans les foyers[1], et surtout le développement d'applications à destination d'utilisateurs de plus en plus jeunes[2], semblent toutefois plaider pour les auteurs : c'est bien une proportion de plus en plus grande d'enfants qui

[1] En 2017, 73 % des Français (âgés de 12 ans et plus) disposeraient d'un smartphone (contre moins de 25 % en 2011) et 44 % auraient accès à une tablette à leur domicile (contre seulement 4 % en 2011) (CREDOC, 2017). Ces chiffres invitent par contre à considérer avec prudence les résultats de l'enquête annuelle de l'institut IPSOS « Junior Connect' », selon laquelle 59 % des foyers seraient équipés d'au moins une tablette et 36 % des 7-12 ans posséderaient leur propre appareil (IPSOS, 2017).

[2] En témoigne la mise en place de certaines catégories sur les *stores* : sur l'App Store, la catégorie « Enfants » abrite les sous-rubriques « Enfants de 5 ans et moins », « Enfants de 6 à 8 ans », « Enfants de 9 à 11 ans » ; sur le Google Play, la catégorie « Famille » contient quant à elle les rubriques « 5 ans et moins », « De 6 à 8 ans », « 9 ans et plus ».

grandissent entourés d'applications mobiles, même si tout cela ne dit rien sur les applications qu'ils auront effectivement à disposition.

Dans le cas des plus jeunes notamment, les choix effectués par les familles – puisque ce sont généralement les parents qui téléchargent – sont déterminants, ce que confirment les premières enquêtes à ce sujet, révélant d'importants écarts selon les milieux sociaux, à la fois en termes d'accès laissé aux appareils et de sélection d'applications (Chaudron, 2015 ; McClure *et al.*, 2017). Mais ce choix est aussi structuré par l'offre, d'où l'intérêt pour les chercheurs de porter parallèlement leur attention sur les producteurs qui, les premiers, anticipent leurs futurs jeunes utilisateurs et tentent d'être repérés par les familles justement. Une étude qualitative auprès d'une quinzaine d'éditeurs (combinant entretiens auprès des professionnels et analyse de divers contenus produits par ces derniers, des applications elles-mêmes aux supports de communication et de promotion) nous a permis d'approcher le moment de la conception des applications qui est autant un processus technique et créatif que la préparation, plus ou moins systématique et consciente, d'un adressage à destination de différents publics. Le pluriel est de rigueur, en raison du fonctionnement même du marché des applications mobiles, avec le poids des plateformes précitées ou encore l'importance du ludoéducatif parmi les produits créés (Schuler, 2012 ; Dezuanni *et al.*, 2015) : à côté des enfants, les adultes qui téléchargent sont incontournables et nous avons donc cherché à comprendre le multi-adressage dans le cas des applications mobiles, à commencer par le double adressage parents-enfants, et surtout à le localiser. A-t-on ainsi véritablement affaire à l'anticipation d'une consommation hybride, au point que l'on puisse parler de « cluster parent-enfant » (Barrey *et al.*, 2000 ; Krupicka et La Ville, 2014) comme pour d'autres produits de l'enfance ? Plus encore, face à des produits aussi largement dématérialisés que le sont les applications, les lieux et les modalités de cet adressage interrogent. De même que la sociologie questionne les modes de présentation des produits (Cochoy, 2002) et en particulier ceux des enfants (Zegaï, 2010 ; Brougère, 2015), il est intéressant de renverser la perspective pour savoir ce qui se passe en coulisses lorsqu'il n'y a ni emballage physique ni présentoirs ou magasins au sens traditionnel du terme : quels sont leurs équivalents numériques, s'ils existent, et surtout dans quelle mesure l'adressage des applications pour enfants repose-t-il sur des éléments non numériques ?

Après avoir pesé la portée de certains choix empiriques de notre enquête, nous présenterons successivement trois des principaux « lieux » de l'adressage pour les applications mobiles pour enfants et tenterons d'y comprendre chaque fois les modalités de l'adressage. Nous commencerons par les applications à proprement parler, où l'adresse aux enfants et celle aux parents sont relativement segmentées, témoin de tensions sur la manière dont on devrait laisser ou au contraire accompagner les enfants lorsqu'ils utilisent les applications. Pour ce qui concerne la communication en ligne des éditeurs autour de leurs produits, nous verrons que l'adressage y est beaucoup plus déséquilibré, à savoir presque exclusivement en direction des adultes, ce qui n'empêche pas de leur attribuer différents rôles aux côtés des futurs jeunes utilisateurs. Enfin, nous discuterons justement des tentatives pour rematérialiser les applications à travers un adressage redonnant une place aux enfants à côté des adultes.

Pour une approche globale des applications pour enfants

Afin de mener à bien notre enquête, nous avons constitué un échantillon d'éditeurs auprès desquels nous avons réalisé des entretiens : soit avec le créateur ou la créatrice lorsqu'il s'agissait d'une démarche individuelle, soit avec les différents membres de l'équipe si la structure était collective. La principale condition était que le catalogue de ces éditeurs comporte au moins un titre à destination des moins de 7 ans, afin de pouvoir travailler sur des cas où la question de l'utilisateur jeune, voire très jeune s'était effectivement posée. Durant la période d'enquête (2015-2017), quinze éditeurs francophones nous ont ouvert leurs portes, en région parisienne, lyonnaise, bordelaise, niçoise et bruxelloise[3]. Il s'agissait de petites structures (un à cinq « permanents » au maximum) et relativement jeunes puisqu'aucune n'avait été créée avant 2010. Celles qui, à la fois, enrôlaient le plus grand nombre de personnes et qui avaient le catalogue le plus étoffé (au moins quatre à cinq titres), soit un tiers de l'échantillon, fonctionnaient toutes pour le moment selon un modèle de *start-up* : implantation dans une pépinière, nécessité de lancer des levées de fonds auprès de *business angels*, souplesse de l'organisation interne, etc. Pour les autres, il s'agissait essentiellement de démarches individuelles ou en duo, avec des modèles économiques parfois très éloignés, entre concentration sur une seule application ou expansion constante du catalogue, travail à compte d'auteur, création d'une société anonyme simplifiée ou bien d'une société par actions simplifiée unipersonnelle. Enfin, entre le début

[3] Nous les remercions chaleureusement pour leur accueil et le temps qu'ils nous ont accordé.

et la fin de l'enquête, au moins deux structures ont arrêté leur activité, ce qui rappelle à quel point il peut être difficile de faire de la production d'applications une activité rentable et la nécessité de trouver des modèles économiques qui ne reposent pas exclusivement sur cette activité.

Au total, ce sont vingt-trois professionnels, âgés de 24 à 45 ans au moment des entretiens, qui ont été interrogés. Derrière le terme de « concepteur », se trouve par conséquent, comme dans beaucoup d'industries culturelles, une pluralité de professions : des chefs de projet (avec des formations tantôt techniques et/ou digitales en école d'ingénieurs ou d'informatique, tantôt commerciales), des illustrateurs et/ou graphistes numériques, des programmeurs-développeurs ou encore des chargés de marketing ou de communication. Dans ces petites structures où des rôles peuvent être explicitement attribués (« directeur artistique », « directeur du développement », « directeur créatif », etc.), le travail n'est pour autant pas aussi strictement réparti : à plusieurs reprises, des chefs de projet ou des graphistes nous ont par exemple confié qu'ils avaient également participé à des tâches plus techniques, grâce à des compétences précédemment acquises ou en se formant sur le tas, ce qui a modifié leur manière d'envisager la conception globale de leurs produits.

La constitution de l'échantillon a été pensée spécifiquement pour étudier de manière globale les éditeurs d'applications, c'est-à-dire indifféremment selon le « genre », au sens esthétique du terme, des produits élaborés : des jeux, des applications ludoéducatives, c'est-à-dire où le jeu est mis au service de l'acquisition de savoirs et de savoir-faire, une application créative, des livres numériques ou encore des applications utilitaires (un gestionnaire de tâches) se sont retrouvés dans notre corpus. Loin d'être une limite à notre démarche et à nos résultats, cette variété reflète en réalité certaines spécificités du marché des applications pour enfants. D'une part, les frontières y sont souvent poreuses entre classifications en raison du support tactile qui standardise les possibilités d'action offertes aux utilisateurs[4], mais aussi des tensions propres au jeu vidéo entre ludique et narratif (Zabban, 2012) : ainsi, les applications ludoéducatives ou les livres numériques reposent fréquemment sur des mini-jeux plus ou moins insérés dans une histoire, tandis que les applications qui se définissent plus proches des jeux vidéo proposent une expérience ludique plus continue, ce

[4] Voir par exemple les gestes élémentaires prévus pour l'iPad, la tablette tactile d'Apple : https://developer.apple.com/ios/human-interface-guidelines/interaction/gestures/ (Consulté le 1er septembre 2017).

qui n'empêche pas une progression narrative. Il faut d'autre part insister, à nouveau, sur le rôle structurant des plateformes qui, par leur monopole sur la distribution des applications, constitue des portails uniques où cohabitent tous ces genres d'applications ; ce ne sont que des catégories propres à chacun des *stores* qui créent des distinguos. Nous avons donc préféré cette approche globale pour voir *a posteriori* si se redessinaient des frontières entre types d'application. Notre échantillon n'a donc pas été construit pour fournir une image représentative des éditeurs d'applications : l'objectif était de saisir des représentations de l'enfance et de l'enfant présentes dans le travail de conception, tout en gardant à l'esprit qu'elles n'épuisent pas toutes celles mobilisées par les professionnels au quotidien. Ici, nous avons tenté de les relier plus spécifiquement aux modalités de l'adressage qui intervient dans différents lieux.

À la découverte des applications : entre autonomie et accompagnement des enfants

Avant de remonter le fil de l'adressage plus en amont, c'est-à-dire sur les chemins qui mènent aux applications mobiles, il faut bien entendu faire un sort à ces dernières où interviennent différentes logiques d'adressage pour que les (jeunes) utilisateurs les découvrent et s'y investissent. Les données recueillies sur les processus de conception permettent alors de mettre en perspective certains choix qui témoignent des multiples strates de l'adressage et sur lesquels la seule analyse de contenu pourrait achopper. Ici, il est notamment apparu que la double adresse aux enfants et aux parents, si elle est bien présente, s'avère la plupart du temps matériellement distincte et qu'elle soulève chez les professionnels des réflexions sur le degré d'autonomie à laisser aux enfants.

Des enfants et des tablettes

Un des intérêts de revenir avec les concepteurs sur leur travail est de mettre en évidence, au sein d'une équipe mais aussi parfois chez la même personne, plusieurs représentations de l'enfance, éventuellement en contradiction, avant que le processus productif ne conduise à privilégier certaines d'entre elles. Nous nous en sommes particulièrement rendus compte autour de l'entrée dans l'application, c'est-à-dire avec le ou les premiers écrans que va rencontrer l'utilisateur au démarrage du programme[5] jusqu'à accéder au contenu proprement dit : représentant par définition un moment-clé de l'adressage, sa conception fait intervenir des représentations fortes sur l'usage des écrans tactiles par les enfants.

Ainsi, il est intéressant de constater que la création des applications conduit à discuter régulièrement ce lieu commun d'une relation apparemment « intuitive » ou « naturelle » entre les enfants et les écrans tactiles (ou plus exactement la tablette), pour reprendre des adjectifs apparus dans différents entretiens. D'un côté, les concepteurs semblent partager ce type de constat, comme lorsqu'ils évoquent certains enfants de leur entourage :

> J. : Euh, un petit de 2 ans réfl… ne fonctionne pas mentalement comme un plus grand. Mais on a aussi été étonnés par leur facilité…
> F. [*complétant*] : … d'accéder au jeu…
> J. : … d'appréhender la tablette en fait. Genre… Par exemple, mon fils qui a 2 ans et demi, il navigue sur les photos, je lui ai pas vraiment enseigné, mais c'est tellement intuitif… Quand c'est bien fait, y a pas de difficulté, quoi. C'est… Y faut que ce soit bien fait et adapté, et… (J., *game designer* ; F., illustratrice ; catalogue de plus d'une dizaine d'applications, livres numériques et jeux, région lyonnaise).

La fin du verbatim montre cependant déjà que l'aisance avec laquelle les enfants, même les plus jeunes, sont supposés manipuler les dispositifs tactiles est en réalité un résultat direct du travail de conception, ce qui place les professionnels devant une injonction paradoxale, résumée ainsi dans le même entretien : « Faut que ce soit hyper-intuitif ! » (F., illustratrice). Les conséquences s'en font sentir à plusieurs niveaux en ce qui concerne l'entrée en matière des applications, avec en particulier le souhait que le futur utilisateur atteigne le contenu et/ou l'activité le plus rapidement possible, en progressant par lui-même :

> Et [il faut] que ce soit intuitif dans la façon de penser parce qu'on n'a pas envie de mettre des tonnes de consignes, soit à lire soit dites à l'oral parce que le but c'est que l'enfant arrive et puisse s'en servir directement. Donc penser au côté intuitif est très important (C., cheffe de produit ; catalogue avec sept applications ludoéducatives, région bordelaise).

---

[5] Nous faisons référence en particulier à l'écran d'accueil et aux éventuels écrans intercalaires (ou « *splash screens* » comme nous l'apprendra une des enquêtées) présents lors du chargement de l'application.

Dans cette perspective, l'enquêtée aborde en fait un aspect essentiel des applications, celui de l'éventuelle initiation aux actions qu'elles requièrent. Là encore, même ambivalence. Certes, la plupart des concepteurs avouent avoir abandonné l'idée de proposer des consignes ou au moins avoir tenté de limiter leur place, par exemple en trouvant des alternatives à la présence de textes ou de messages sonores explicatifs[6] ; pire, pour celles et ceux qui les ont conservées, le constat partagé est que les jeunes utilisateurs n'en ont pas l'utilité. De cette façon, à propos d'une de ses premières applications et de jeunes utilisateurs qu'elle avait pu observer, une éditrice indique :

> Ici, dès la première page, on a essayé de mettre des consignes : « si tu veux jouer, tu mets 2 doigts », « 5 doigts pour écouter l'histoire ». Dans les salons, il n'y en a aucun qui a eu la patience d'écouter les consignes. Aucun. On les a gardées parce qu'on trouve ça quand même intéressant mais ça ne marche pas (P., éditrice ; catalogue avec six livres interactifs, région bruxelloise).

Cette situation refléterait même une différence de nature entre enfants et adultes :

> Déjà ils ne cherchent pas le mode d'emploi, contrairement à nous mais ils n'ont pas du tout de problème si le mode d'emploi n'est pas le même d'une page à l'autre, du moment qu'ils peuvent explorer, tapoter partout, trouver, et donc ça c'est fascinant, ça vous permet d'explorer des choses (A., éditrice ; catalogue de cinq applications, région parisienne).

Mais ces derniers mots de l'enquêtée soulignent dans le même temps que la conception consiste justement à construire cette apparente liberté, voire à jouer, au sens fort, sur ce ressort. C'est ce que nous avons retrouvé de diverses manières selon les types d'application. Pour un des éditeurs les plus ludoéducatifs de notre corpus (puisque ses produits sont centrés sur l'apprentissage des chiffres, du calcul ou encore des lettres), l'autonomie des enfants est par exemple investie d'une portée pédagogique – ici, assimilée à la méthode Montessori[7] –, justifiant la mise en place de plusieurs modes d'activité :

---

6 Notons toutefois que ce choix peut aussi accompagner des considérations économiques : proposer des consignes orales suppose de recourir à des voix (humaines ou de synthèse) pour les prononcer, ce qui représente des coûts supplémentaires ; de même, à des fins d'exportation sur différents marchés, ces consignes seront à traduire, là encore avec un coût humain et/ou financier à la clé.

7 L'usage, plus ou moins justifié, du label « Montessori » dans le domaine des applications mobiles pour enfants pourrait à lui seul faire l'objet d'un article. Pour de premiers éléments de réflexion qui n'épuisent pas le sujet, voir Buckleitner, 2015.

> Ce qui est central, c'est plus la façon de faire, dans nos applis. On a souvent un mode découverte, un mode libre, où l'enfant fait ce qu'il veut. Il pose des éléments et il se passe des choses, et après de petits défis, pour acquérir ce qu'on met dans l'appli (C., cheffe de produit).

Les concepteurs se sont aussi tournés vers une interface volontairement dépouillée ce qui a parfois déconcerté les utilisateurs :

> Parfois les gens buguent un peu dessus parce que c'est vrai qu'elle [l'application] est vraiment très sobre, celle-ci. Quand on arrive là-dessus, on se dit « qu'est-ce qu'on doit faire ? », donc on a rajouté un petit point d'interrogation. C'est très simple, on a fait au plus simple (C., cheffe de produit).

Chez une éditrice engagée du côté de la littérature jeunesse numérique, une des applications brouille même d'une certaine façon le contrat de lecture, en n'indiquant peu ou pas où l'utilisateur est censé toucher l'écran pour déclencher certaines animations et ramifications de l'histoire, voire en suggérant de fausses pistes :

> Ça va dans le même sens que la curiosité, permettre aux enfants d'être curieux mais aussi de leur permettre des temps d'imagination. Par exemple, sur la première page [de l'application], en dehors de la préface, vous avez une petite affordance avec la boîte qui bouge et là [...] ... souvent j'ai des gens qui aimeraient bien voir ce qui se passe derrière la boîte. Ils veulent tirer la main. Mais non, il ne se passe rien. Il y a un jeu de frustration qui est intéressant aussi, je trouve. [...] Le choix de [l'auteur de l'histoire] de ne pas mettre d'affordances, de ne pas dire « à tel endroit il se passe des choses », c'est un peu difficile, de temps en temps, à tenir. Quand on ne sait pas qu'il y a des hors-champs, c'est aussi un danger de se dire « finalement, le lecteur peut penser que c'est un livre où il ne se passe pas trop de choses ». Et finalement, c'est une philosophie qui est plutôt intéressante, je trouve, de ne pas tout donner, au contraire laisser... (P., éditrice).

Même si les démarches adoptées sont différentes, il reste que les éditeurs d'applications mobiles sont donc bien engagés dans un processus réflexif sur les conditions de cette « exploration libre », renvoyant à leurs représentations sur ce que les enfants, surtout les plus jeunes, sont capables de faire et de comprendre.

C'est d'ailleurs dans ce sens que nous avons interprété cet autre paradoxe de la conception qui concerne les fonctionnalités des appareils mobiles : alors que les concepteurs peuvent par moment louer les opportunités ouvertes par le numérique – possibilités qui les ont d'ailleurs souvent conduits vers le développement des produits sur ces supports –, un discours récurrent chez nos enquêtés est celui d'une conception centrée sur quelques actions simples.

> F. : [...] Ben, ce que je voulais dire, c'est que y a pas mal de possibles. Un écran tactile offre pas mal de possibilités... au niveau du toucher. Des interactions, des capacités... Et en fait, au final, c'est...
> J. : En fait, au début, on a... J'sais pas, y a cinq possibilités de se servir de cet appareil, on les a toutes utilisées, et on s'est aperçus que sur les cinq, y en avait... bon...
> F. : Deux : y a le *drag-and-drop* et le *touch*.
> J. : Ouais, y en a deux qui sont les plus pertinentes, en fait, pour les enfants. Donc on les a éliminées, les trois autres : au début, on les avait incluses ; maintenant, on les élimine parce qu'elles sont... c'est des gadgets qui servent à rien, qui font plaisir peut-être aux parents, mais les enfants, pour eux, c'est limitant ou c'est inintéressant (J., *game designer* ; F., illustratrice).

Il en est de même chez cet autre éditeur :

> [...] Oui en fait ce sont des formes qui sont placées à un endroit, qui ont des fonctionnalités de base parce que même pour celle-là qui est un peu plus complexe, le tourner, le cliquer-glisser, c'est la base d'une appli (N., illustratrice ; catalogue de trois applications, région parisienne).

En d'autres termes, les concepteurs élaborent non seulement des applications, mais travaillent aussi à fabriquer cette facilité avec laquelle des enfants devraient idéalement se saisir de leurs produits, qui n'est pas si naturelle ou intuitive.

Des adultes dans/à côté de l'appli ?

Au cœur de la conception, les professionnels accompagnent et délimitent ainsi une partie de l'autonomie qu'ils souhaitent octroyer à leurs futurs utilisateurs, ce qui se retrouve dans plusieurs composantes de la prise en main des applications elles-mêmes : dans une certaine mesure, les enfants devraient pouvoir s'en saisir seuls, même si cela ne veut pas dire n'importe comment. Nous avons pu néanmoins constater que ces portes d'entrée sur les applications laissaient aussi une place non négligeable à leurs prescripteurs et pourvoyeurs principaux, c'est-à-dire les parents des jeunes utilisateurs. Il s'agit d'un adressage visant à attribuer différents rôles aux adultes – ce que nous retrouverons sur d'autres lieux de l'adressage – et opérant de manière relativement parallèle à celui à destination des enfants.

En comparaison avec toutes ces applications qui, dans le droit fil de nos précédentes remarques, offrent leur contenu et leurs activités très rapidement, soit après rarement plus d'une action sur la page d'accueil (comme le fait de toucher presque n'importe quelle partie de l'écran ou bien un bouton mis fortement en évidence), la présence, sur cette mêmes page, de boutons beaucoup plus petits, situés dans un coin de l'écran, avec un point d'interrogation, un « i » comme information ou encore avec les mentions « parents » ou « coin parents », peut détonner. Ils attestent pourtant de l'attribution d'une place explicite, quoique distincte, aux parents au sein même des applications : plus que de simples rubriques « à propos » telles qu'on peut les trouver sur les sites web par exemple, ces espaces donnent en effet généralement accès à des informations précises sur l'éditeur, en particulier ses produits, sa démarche, ses valeurs ou pour ainsi dire sa philosophie, la composition de l'équipe créative, etc. ; ils ouvrent aussi éventuellement sur des interactions entre les parents et l'éditeur (possibilité d'émettre un avis sur le produit, renvoi vers un site web ou les réseaux sociaux, possibilité d'abonnement à une newsletter, etc.). Ajoutons qu'ils sont aussi fréquemment « verrouillés », c'est-à-dire qu'ils exigent une forme de code pour les faire apparaître, par exemple la résolution d'une opération numérique ou la réponse à une question, censés exclure les plus jeunes. Nous voyons donc se dessiner ici un adressage parallèle, mais pas moins intéressant sur les représentations à l'œuvre concernant l'enfance et les enfants, surtout lorsque le propos des concepteurs vient l'éclairer.

Dans ce cadre, la figure de l'adulte accompagne de diverses façons l'usage de l'application et plus généralement celui du dispositif numérique. Il ne cesse pas par exemple d'être le téléchargeur et/ou l'acheteur en dernier ressort face à des produits qui apparaissent dans ces espaces sous la forme de gammes ou de collections – et non dispersés parmi l'offre massive des *stores*. En passant, cela peut aussi donner du sens à ces *splash screens* des applications mobiles qui affichent dans la plupart des cas le logo de l'éditeur, en premier ou deuxième écran de chargement : ces éléments contribuent à faire exister l'éditeur, en suggérant que ses créations, même quand elles ne sont pas des déclinaisons d'un même univers fictionnel, sont en cohérence et que l'on y trouvera des expériences du même acabit. Ces espaces à destination des adultes ont donc une fonction marketing assumée, d'autant qu'ils contiennent des liens vers les *stores*.

Cependant, l'accès à ce genre d'autopromotion ou la possibilité de sortir de l'application pour aller vers d'autres lieux du web (les *stores* justement mais aussi le site internet professionnel, les différents comptes sur les réseaux sociaux, etc.) est restreint aux adultes et de manière revendiquée. Nous entrons là dans le domaine des valeurs des éditeurs, présentées, entre autres, sous la forme de principes ou de chartes, souvent résumés par une suite de logos : ne pas mettre l'enfant devant des publicités, ne pas lui permettre d'accéder au web, ne pas proposer d'achats intégrés, ne pas prélever de données personnelles, etc. Or, ces préoccupations peuvent faire écho au propre discours des concepteurs, dont certains avaient initialement des réticences à fabriquer des produits pour enfants sur terminaux mobiles :

> Mais moi, j'ai vraiment pas senti la nécessité de faire quelque chose pour les enfants tant c'était sur le format téléphone en fait. Ça m'intéressait pas. Et du jour où… Et pis, la connexion, ça me fait toujours peur pour les enfants, alors que là, toc, on passe à une tablette, c'est un autre outil pour… La tablette est vraiment pour les enfants, pour moi, alors que le téléphone, c'est pas l'objet des enfants, moi personnellement. Je vois une grosse nuance, et ça m'aurait pas… Si on était restés à ce format-là avec les ondes négatives, je serais pas allée… (F., illustratrice).

> Enfin la seule chose qui me gênait c'est que comme je m'adresse aux petits ça voulait dire leur mettre une tablette entre les mains très tôt, et ça par contre je ne suis pas à l'aise avec ça. Mais voilà, j'ai quand même eu envie de le faire, en me disant : au moins s'ils ont une tablette, s'ils font ça… (N., illustratrice).

L'usage des terminaux numériques mobiles par des enfants pose des questions particulières (en termes de santé ou de *privacy*) qui n'épargnent pas les concepteurs eux-mêmes. Nous voyons qu'elles sont retraduites dans le travail de conception et qu'elles s'expriment à travers ces écrans de sensibilisation, répondant moins à des réglementations officielles qu'aux obligations que se fixent eux-mêmes les professionnels. Cela déporte en partie les enjeux de responsabilité sur l'usage des applications et des terminaux mobiles : au-delà du téléchargement, les parents sont invités à consulter l'application et les espaces qui leur sont dédiés pour participer eux aussi à cette surveillance des usages, supposément en connaissance de cause.

À côté de cette cogestion éventuelle des risques, les adresses aux adultes concernent également l'accompagnement de l'expérience de l'application. C'est de nouveau dans ce type d'espace (ou bien dans un autre menu sur l'écran d'accueil, mais très rarement dans un espace accessible une fois le jeu ou le contenu lancé) que sont présents les réglages, notamment pour les applications à dimension ludoéducative. Ils concernent alors généralement le niveau de difficulté, exprimé en niveau d'âge : l'adressage suggère donc aux adultes d'adapter au plus près l'application aux enfants qui vont l'utiliser. Nous voyons dès lors que l'idéal de l'enfant autonome, mis en valeur par certains aspects des applications, renvoie en réalité toujours à une liberté à l'intérieur de cadres et règles, fixés en sus par l'accompagnant adulte, à propos duquel la conception fait des hypothèses fortes. Cela contraste avec les options accessibles à tout moment sur une bonne partie des applications du corpus, à savoir la possibilité de couper la musique et/ou les voix, qui renvoient quant à elle à une image beaucoup plus prosaïque du parent présent à côté du jeune utilisateur : « Même pour les parents, parfois c'est chiant d'avoir les musiques derrière… Donc pour l'instant on reste comme ça, assez simples » (C., cheffe de produit).

Dans ces conditions, les cas de co-adressage semblent finalement assez rares, tant les applications donnent à voir des espaces et des rôles sous-jacents distincts pour les enfants et pour les adultes. À ce titre, les applications proches du livre numérique affirment leur spécificité, puisque c'est dans le discours de leurs conceptrices que réapparaissent le plus les usages communs, à commencer par le temps de lecture du livre, décrit en des termes qui placent les applications dans une continuité avec les ouvrages traditionnels :

> Ça a vraiment été la ligne directrice de toute l'aventure, essayer de transformer ce moment de lecture ou ce moment passé sur la tablette à deux, ce moment qu'on passe autour du livre, on a réussi à le passer autour de la tablette, ce qui ne se passe pas avec la télé ou un autre écran, ou plus difficilement, je trouve. Là, il se passait quelque chose (P., éditrice).
>
> Parce que la tablette, c'est un outil d'une grande intimité, en fait, on la garde avec soi, les enfants dans le canapé, ainsi de suite et donc ce rapport à une forme d'intimité de cet objet qu'on va garder dans ses mains, j'avais envie d'aller plus loin (A., éditrice).

Il faudrait poursuivre et entrer dans les textes mêmes proposés par les applications, où apparaissent plusieurs niveaux de lecture, pour voir jusqu'où fonctionne le double adressage, mais s'arrêter sur tel ou tel contenu exigerait une analyse à part entière. Toujours est-il que ces applications semblent une exception au sein de notre corpus, affirmant ici un trait particulier de la conception pour ce type d'application. En revanche, la tendance dominante est plutôt à la cohabitation des adressages, où les adultes occupent un rôle surplombant sur ce que font les enfants, ce qui réapparaît dans d'autres espaces participant de l'adressage.

Un adressage en ligne tourné vers les adultes

Dès que l'on quitte les applications proprement dites, l'adressage prend bien sûr une dimension encore plus cruciale pour les éditeurs puisqu'il s'agit de réussir à « capter » le public – selon le terme de Franck Cochoy (2004) – et de l'amener vers le téléchargement. Cela recouvre notamment de multiples stratégies pour apparaître en ligne et contourner les contraintes et aléas liés aux *stores* : nous verrons, sans étonnement, que celles-ci se focalisent largement sur les adultes, ce qui polarise les représentations de l'enfance mises en avant ou sous-jacentes lors de la conception.

Visibilité et réflexivité de la présence en ligne

Nous avons déjà insisté sur la structure spécifique du marché des applications mobiles avec leur distribution via les plateformes de téléchargement, mais ces dernières biaisent aussi les modes de promotion des applications : au sujet de l'App Store par exemple, les concepteurs insistent sur le caractère arbitraire ou subjectif des applications valorisées en page d'accueil et sur lequel ils ont l'impression de n'avoir qu'une faible influence.

> C'est là aussi où on a des difficultés au niveau des recherches, de la visibilité, comment on peut se rendre visible ou pas. Là je parle purement marketing-commercial. Comment on se fait connaître, comment on se rend visible sur l'App Store, via le moteur de recherche de l'App Store, sachant qu'Apple, son cœur de business, ce n'est pas le moteur de recherche. En travaillant la méta-data avec des mots-clés, etc., ça reste vraiment très compliqué, en plus derrière, on a un algorithme qui n'est pas forcément en notre faveur parce que plus vous avez de volume, plus vous allez être en top de liste (P., éditrice).

> C. : Oui, on peut agir plus ou moins dessus. On peut demander des mises en avant de notre appli à Apple. C'est ce qu'on a fait pour [notre application]. Ça a marché, d'ailleurs.
> Enquêteur : Ce n'est pas comme dans une démarche de pub où on paye pour être là ?
> C. : Non, on ne peut pas, ce sont eux qui choisissent. Apple est très fermé là-dessus, ce sont eux qui choisissent le contenu qu'ils mettent en avant sur le *store* (C., cheffe de projet).

Les seuls leviers repérés par certains concepteurs semblent la nécessité pour l'application d'avoir une « actualité », à savoir une nouvelle mise à jour, et/ou faire l'objet d'une promotion, ou encore d'être bien classée dans un des classements du *store* en question[8]. Cependant, le fonctionnement du *store* fait que cette actualité pourra passer inaperçue : les procédures incertaines ainsi que la difficulté à émerger parmi l'offre pléthorique expliquent que les éditeurs d'applications aient cherché d'autres canaux de communication.

Si les modes de publicité traditionnels sont inaccessibles financièrement pour ces petites structures, la principale stratégie – même si ce n'est pas la seule[9] – est alors de disposer d'un site web, comme c'est le cas pour l'ensemble de notre corpus. Au-delà des identités graphiques propres aux différents éditeurs, nous avons observé que cette présence numérique reproduit et même exacerbe cet adressage différencié en direction des adultes, repéré à l'échelle des applications. Les sites regroupent ainsi les mêmes éléments, mais présentés cette fois plus en détail, depuis les applications produites, rassemblées à nouveau en un seul lieu, à « l'esprit » ou aux valeurs de l'éditeur, en passant par toutes les raisons pour lesquelles les applications ont bien une « utilité » pour les enfants. Nous retrouvons donc cette rhétorique de justification selon laquelle il faut éviter aux enfants les mauvaises pratiques relatives aux applications mobiles, ce qui place les professionnels et par là même les consommateurs adultes, en charge de télécharger les « bonnes » applications, dans une posture de protection vis-à-vis des jeunes utilisateurs.

Pour une part plus restreinte de notre corpus, soit environ la moitié des cas, s'ajoute une partie blog, par définition plus dynamique, où les *posts* peuvent annoncer l'actualité des applications, mais aussi devenir des espaces de réflexivité pour les professionnels, dans le sens où John Thornton Caldwell parle d'« *industrial reflexivity* » (Caldwell, 2008) dans son étude sur le cinéma hollywoodien. De cette façon, quelques *posts* proposent des amorces de réflexion sur les liens entre les applications produites d'un côté, et l'enfant, son développement et ses activités culturelles de l'autre[10] :

---

8 C'est en partie un phénomène circulaire, car une promotion peut permettre de remonter dans le classement des applications les plus téléchargées.

9 Les moyens engagés en termes de communication par les éditeurs sont variables : à côté de stratégies *ad hoc*, surtout s'il n'y a qu'un ou une professionnelle pour la mener, d'autres ont pu s'offrir les services d'une agence de communication ou de relations publiques et diversifier les tentatives pour être visibles, par exemple en cherchant les relais, plutôt rares, sur les médias « traditionnels » (presse, radio, télévision). Un court article dans le magazine *Elle* pour l'une des applications d'un éditeur a eu par exemple des effets importants et immédiats sur les ventes.

10 Les éditeurs francophones étudiés sont toutefois loin d'égaler la démarche de l'éditeur suédois (aujourd'hui, dans l'escarcelle du géant canadien du jouet Spin Master)

par exemple, une publication présente l'interview d'une étudiante en orthophonie qui s'est rapprochée d'un éditeur afin de mettre au point ensemble un dispositif de remédiation pour des enfants ayant des difficultés importantes en lecture ; sur un autre blog, lié à une application utilitaire (un gestionnaire de tâches pour enfants), les publications prodiguent des conseils pour des activités de plein air ou des activités manuelles, sans rapport avec le produit. Plus fréquents sont les *posts* ou parfois les pages du site qui éclairent les coulisses de la fabrication des produits, avec des portraits de professionnels, la présentation de projets en cours ou des photos et/ou vidéos illustrant certaines étapes du processus de conception. Même si l'on pourra toujours y trouver une part promotionnelle, nous remarquons que ce ne sont pas exactement les applications de l'éditeur qui sont mises en avant, mais des valeurs (le fait par exemple de s'engager sur la thématique de la lecture) et des modes de travail, sur lesquels les professionnels ont donc fait un retour réflexif.

Les jeunes utilisateurs des applications, dont la plupart n'ont pas encore l'âge pour être des lecteurs, ne peuvent être les destinataires de ces contenus spécifiques – à moins peut-être d'imaginer un enfant accompagné par un adulte dans la visite du site web –, ce qui place à nouveau les adultes pourvoyeurs d'applications en première ligne de l'adressage[11]. Les éditeurs les sollicitent donc en ne valorisant pas seulement leurs produits, mais via une forme d'« éthique » qu'ils tentent d'incarner par des exemples concrets. Le chemin vers les applications repose alors sur l'hypothèse que les adultes viennent se renseigner sur ces sites et *a fortiori* qu'ils se reconnaissent dans ces valeurs mises en avant.

Interagir avec des adultes

À côté de cette communication plutôt statique[12], les éditeurs complètent leur présence en ligne par une activité plus ou moins développée sur les réseaux sociaux. Presque tous ceux du corpus disposent ainsi d'un compte Facebook au nom de la structure et près de la moitié d'un compte Twitter ;

Toca Boca sur le site duquel on trouve des textes à visée théorique sur les enfants et le jeu, en lien avec ses applications. Voir https://tocaboca.com/magazine/ (Consulté le 15 septembre 2017).

11 La seule exception dans notre corpus se trouve sur le site web d'un éditeur qui propose de télécharger des modèles pour colorier ou des activités créatives à l'usage des enfants, tous inspirés par l'univers visuel et fictionnel mobilisé dans les applications.

12 Les blogs observés ne suscitent par exemple que peu de commentaires, quand les pages web n'offrent aucune possibilité d'interaction.

dans une moindre mesure, quelques-uns sont aussi présents sur Instagram, Pinterest et YouTube. Si ces autres relais de communication participent à l'évidence de la stratégie publicitaire à moindre coût que peuvent se permettre les éditeurs, poursuivant la démarche des sites web grâce à des liens hypertextes (les nouveaux *posts* publiés sur les blogs sont ainsi fréquemment annoncés par ce biais), les entretiens avec les concepteurs soulignent toutefois des motivations un peu plus complexes.

Ceux-ci mentionnent un effet structurel du fonctionnement des *stores* qui biaise la nature des retours de leurs utilisateurs. En effet, un élément important sur les pages de présentation individuelles des applications, que ce soit sur l'App Store ou sur les autres plateformes, est la possibilité pour les personnes qui ont téléchargé l'application de noter et/ou d'y laisser des commentaires. Or, si les utilisateurs sont plus enclins à évaluer (positivement ou négativement) l'application par des dispositifs simples de notation (note numérique, nombre d'étoiles, etc.) – puisque ce dispositif génère le plus d'activité et permet régulièrement de faire apparaître la bonne appréciation d'un produit –, les commentaires concentrent plutôt des avis négatifs : résultat bien connu sur les pratiques en ligne (Beauvisage *et al.*, 2013), ce sont plus facilement les mécontents qui se manifestent. Plus encore, ils font davantage des reproches techniques que de véritables évaluations :

> F. [avec une voix criarde pour singer le commentateur] : « On voit pas » ou « ça… ça marche pas » [rire partagé].
> J. : « Ça plante » ou « ça… »
> F. : Après, on essaye de voir pourquoi ça plante, et comment faire pour corriger.
> J. : Et ça, […] ça donne lieu à une mise à jour, qui corrige le problème, mais souvent, la personne qui a critiqué… d'une sale… d'une mauvaise note… On a corrigé son problème, mais ne va pas faire l'effort de…
> Enquêteur : … de remettre un commentaire…
> J. : … qui remontera la moyenne (F., illustratrice ; J., *game designer*).

Pour toutes ces raisons, les concepteurs considèrent qu'ils ne sont pas véritablement dans une relation d'échange dans le cadre imposé par les plateformes, et c'est pourquoi ils se tournent entre autres vers les réseaux sociaux.

Un point commun à plusieurs de nos enquêtés est précisément de donner un poids particulier aux interactions ayant lieu sur Facebook ou Twitter, en recourant notamment au terme de « communauté » (d'« utilisateurs », voire d'« aficionados ») : « Alors sur Facebook comme on a aujourd'hui une communauté de 150 personnes, pas plus, ce ne sont que des gens hyper gentils, bienveillants, qui nous aiment bien » (A., éditrice). Les contours de l'adressage se précisent ici, les réseaux sociaux permettant moins de mettre en contact les éventuels consommateurs intéressés avec l'application qu'entretenir le lien et l'intérêt de ceux qui l'ont déjà téléchargée. Les professionnels vantent par exemple les interactions plus nombreuses et régulières avec des consommateurs sur ces sites où le dispositif de communication favorise justement la réaction et la réponse (*likes*, *retweets*, commentaires, etc.) ; certains en profitent d'ailleurs pour s'adresser directement à ces abonnés fidèles, supposés parents d'enfants utilisateurs :

> À un moment donné j'ai posé la question aux gens sur Facebook d'ailleurs, [...] « est-ce que la narration c'est un truc qu'on va utiliser comme une seconde possibilité quand le parent, exceptionnellement ne peut pas lire, ou est-ce que c'est le réglage par défaut ? » (A., éditrice).

Mieux, ces réseaux sociaux peuvent devenir une ressource pour recruter des interlocuteurs encore plus privilégiés, que l'on pourra consulter pendant le processus de conception. Pour A., c'est un groupe de dix parents-tests qu'elle voudrait constituer en *focus group* pour mieux cerner les attentes ; C., cheffe de projet chez un autre éditeur, indique que Twitter a permis à sa société d'avoir accès à des enseignants référents, qui testent les applications en avant-première et permettent d'effectuer des ajustements avant leur sortie.

Sans surprise, l'adressage en ligne mis en place par les éditeurs d'applications cible ici quasi exclusivement les adultes, par des contenus spécifiques et des tentatives pour créer de l'interactivité et des interactions entre adultes. Cela passe par des lieux distincts, pour multiplier les occasions de capter parents ou éducateurs, et éventuellement les faire intervenir dans le processus de conception. En contrepartie, cette stratégie met en suspens l'adressage, au sens strict du terme, des applications à destination des enfants, dont il faut chercher ailleurs les avatars.

Les multiples voies pour (re)matérialiser l'adressage

Face à cet adressage très polarisé en termes de cible (adulte) et de moyens, nous avons observé que les concepteurs tentent malgré tout de réintroduire les enfants et leurs attentes, en s'éloignant de cette communication tout numérique. Il existe effectivement différentes possibilités pour mettre des enfants bien réels (et leurs parents encore une fois) au contact des applications ou plutôt d'une partie de leurs contenus.

L'application comme maillon de la circulation médiatique

Plusieurs éditeurs s'emploient par exemple à faire déborder leurs créations des supports numériques mobiles, s'appuyant pour cela sur les pratiques culturelles et médiatiques actuelles des enfants. Contre l'idée d'un enfant essentiellement passif avant l'arrivée des applications sur une tablette ou un smartphone du foyer, ils comptent sur d'autres activités et consommations pour les familiariser avec les contenus, à l'image de ce que nous avons noté chez cet éditeur qui propose des activités créatives à imprimer sur son site internet. Dans le même esprit, ce dernier a durant un temps alimenté un compte YouTube de vidéos animées mettant en scène les personnages de sa gamme d'applications et illustrant des comptines connues. Ce faisant, il poursuit l'extension de l'univers fictionnel développé dans ses applications, tout en faisant appel à une pratique enfantine, envisagée dans une version actualisée où l'enfant écoute les chansons et voit des vidéos via YouTube. Enfin, la partition de sa gamme d'applications, entre d'un côté des histoires numériques courtes mettant en scène les aventures de quatre personnages animaux, et de l'autre des jeux où l'utilisateur peut explorer[13] l'univers de ces héros (leurs maisons, leur ville, etc.), relève déjà d'une forme de stratégie transmédia ou de circulation médiatique (Jenkins, 2006 ; Brougère, 2008), surtout si l'on inclut les comptines et les activités papier.

Cet exemple permet de rappeler que les applications ne sont pas toujours des éléments annexes d'un système transmédiatique – comme dans le cas des franchises à succès, par exemple celles liées aux œuvres Disney –, mais peuvent bien en être le point de départ. De cette façon, dans notre corpus, deux applications, l'une avec succès et l'autre non, se sont placées dans la perspective d'une déclinaison en dessin animé grâce à la force de leur univers fictionnel et visuel : pour l'une d'elles, à finalité ludoéducative, cela s'est traduit par un contrat avec France Télévisions Éducation qui diffuse aujourd'hui les dessins animés issus des applications. Bien qu'il ne s'agisse que de rematérialisations imparfaites, au sens où l'on ne quitte pas les écrans, ces quelques cas témoignent néanmoins du fait que les applications pourraient tenir un rôle à part

[13] Cet éditeur, visiblement inspiré par le succès des applications Toca Boca, est un des rares à proposer des jeux ouverts, c'est-à-dire non linéaires ou compétitifs (soit avec la réalisation obligatoire de certains objectifs), ce qui témoigne d'une réflexion sur l'expérience ludique de la part des concepteurs. Sur la transformation des expériences de jeu numériques des jeunes enfants, voir Burke et Marsh, 2013.

entière au sein de la culture enfantine, grâce à ces présentations préalables via d'autres supports médiatiques et/ou la recherche de l'implication des enfants dans des activités en lien avec elles.

Le rôle des salons et des ateliers

Ces activités peuvent prendre place dans des dispositifs plus modestes, mais non moins essentiels aux yeux des concepteurs : les animations qu'ils réalisent lors de salons ou d'ateliers organisés par leurs soins. Au cours des entretiens, cette thématique est récurrente et conduit fréquemment les concepteurs à révéler qu'ils ont mieux « compris » leurs utilisateurs à ces différentes occasions, car il s'agit en effet d'une des rares configurations où ils peuvent directement être au contact des enfants et leur faire essayer leurs produits.

La dimension promotionnelle de ces événements ne fait aucun doute, mais les concepteurs y font plus que faire connaître leurs produits. Ils y trouvent par exemple des testeurs pour leurs applications encore en rodage, d'où des ajustements possibles :

> C. : Parfois c'est sur des événements comme ça qu'on peut tester nos applis.
> Enquêteur : C'est quel type de choses, par exemple, qui vous a marqué ?
> C. : Sur [notre application], c'étaient des petits bugs, des choses où l'enfant, avec son doigt, pour les perles, il n'arrivait pas bien à prendre la perle. Je me suis dit « il faut qu'on fasse quelque chose pour que la perle soit plus facile ». Celle-ci, elle est petite. Les enfants buguaient. Donc on a agrandi la zone de détection, tout simplement, la zone de saisie (C., cheffe de projet).

L'intervention directe et effective d'enfants dans le processus de conception constitue une problématique en soi que nous ne pourrons traiter dans ces quelques pages, mais nous voyons que les enfants sont bien présents dans le cas des applications mobiles, contrairement à d'autres produits culturels enfantins.

À plus forte raison, les salons et ateliers introduisent un élément jusque-là peu présent dans les modalités de l'adressage qui est celui de la différenciation entre enfants. Si les concepteurs parlent souvent des enfants en général quand ils évoquent leurs futurs utilisateurs, leur rencontre avec de vrais enfants peut les amener à questionner certains choix :

> J'ai vu des enfants qui allaient jusqu'au bout de l'histoire, de façon très fluide et très rapide et d'autres, au contraire, qui se perdaient dans une page, d'autres qui se perdaient et qui revenaient… C'est la même chose selon quelle tranche

> d'âge c'est, est-ce que c'est un livre pour adultes, pour 6 ans et plus, j'ai tout entendu et j'ai tout vu (P., éditrice).

> On avait une petite fille dont la nounou nous dit : oh, elle va adorer, elle est très forte à l'école, vous allez voir. Et ben, la petite, elle était… aucune liberté de jeu en fait, elle ne s'autorisait rien. Elle voulait savoir ce qui était permis ou pas avant de le faire. Alors qu'on avait d'autres enfants qui, je pense, foutaient le bazar dans la classe et qui expérimentaient beaucoup, et je les trouvais beaucoup plus intelligents, dans leur approche de l'application (J., *game designer*).

De même, étant donné que les enfants viennent rarement seuls, le double adressage peut alors trouver une place, comme l'illustre ce moment vécu sur un salon par une éditrice :

> La dernière fois, j'ai eu un papa… Finalement il s'est arrêté, il était avec sa fille de 8-9 ans et finalement c'était lui le plus enthousiaste, il était avec son casque, il faisait des signes, il communiquait, il enlevait son casque, il parlait « tu as vu ? », c'était vraiment très chouette (P., éditrice).

Par ailleurs, comme les enfants ne peuvent directement repartir avec la ou les applications qu'ils auront utilisées, ces configurations obligent certains éditeurs à les déployer sur des produits dérivés, ce qui est un exemple encore plus concret de rematérialisation. Nous pensons à cet atelier animé par la créatrice d'une application permettant aux enfants de créer ou recréer des dessins à partir de formes géométriques simples, à l'issue duquel les enfants ont exceptionnellement pu imprimer leurs créations. Les concepteurs d'une autre application ont poussé la logique encore plus loin :

> Là, on a fait une petite demande de subventions […] pour une bande dessinée [dérivée des applications], donc à la fois pour avoir un support papier aussi quand on fait nos salons, […] pour donner quelque chose de physique, parce que la… malgré tout, l'application, elle est virtuelle, quoi. […]. Donc on a besoin de ce support, comme on a besoin… On… on a fait des autocollants, on a fait des petits produits dérivés… On a fait nos bonnets (F., illustratrice).

Les concepteurs trouvent donc là une forme de réponse aux limites de l'adressage sur les *stores* ou en ligne, même s'il est vrai que les visiteurs des salons comme les participants aux ateliers sont loin d'être représentatifs de l'ensemble des utilisateurs potentiels.

Une nécessité économique ?

Enfin, en pensant à la fragilité du secteur, certaines stratégies de rematérialisation liées aux applications prennent un sens supplémentaire car, malgré leur coût, elles peuvent permettre de redéfinir les modèles économiques des éditeurs. Nous en voulons pour preuve ce cas où les applications mobiles ont été pensées en complémentarité avec des objets utilisables sur tablette : spécialisé sur les apprentissages fondamentaux, l'éditeur concerné propose également à l'achat des sets de chiffres et des lettres en bois, tous équipés au dos d'un dispositif adapté pour les poser sur des écrans tactiles où ils seront reconnus. Ces objets incarnent, d'une part, cet objectif affiché par l'éditeur de traduire pour les nouvelles technologies la pédagogie Montessori, connue entre autres pour son recours à la manipulation d'objets matériels pour les apprentissages : que ce soit sur le site internet ou lors des rencontres en direct sur des salons, l'adresse aux parents sur le mode de l'éducatif et de leur contribution par rapport à de supposées méthodes « traditionnelles » d'apprentissage s'en trouve renforcée. Mais ce choix créatif a, d'autre part, des conséquences très concrètes sur l'adressage puisque ces objets offrent l'opportunité d'être présent ailleurs que sur les *stores* et d'espérer rallier les lieux de vente plus habituels des produits pour enfants, bien que la transition semble poser certaines difficultés :

> On s'intéresse aussi aux boutiques d'objets connectés parce que cette année, on ne parle vraiment que de ça, tous les jours il y a des articles sur les objets connectés et on pense qu'il y a vraiment un truc à faire là-dessus. Ça permettrait aussi, le fait de se placer en tant qu'objet connectés, d'être plus pertinents en termes de prix que quand on se place en tant que jeux bois traditionnels. Les gens, dans leur tête, un jeu bois, ça coûte 10 € alors que notre jeu coûte 35 € mais parce qu'il y a de la technologie derrière, des applis, etc. Et les gens, s'ils le voient en magasin, ils ont encore du mal, ils ne le comprennent pas. JouéClub, on a essayé de les contacter l'année dernière, pour pouvoir distribuer chez eux, ils n'étaient pas très… […] … Ils sont encore trop traditionnels, ils n'arrivent pas… Ces objets connectés, ils ne savent pas quoi en faire, comment les mettre dans leurs rayons pour le moment (C., cheffe de projet).

Cet extrait montre comment ce qui n'est qu'un complément au produit principal, les applications[14], peut devenir un enjeu économique fondamental pour l'éditeur : cette autre source de revenus, qui ne se place

[14] Celles-ci fonctionnent sans les objets en bois.

pas du tout sur les mêmes échelles de prix que les applications, pourrait devenir la porte d'entrée principale sur les applications et donc déplacer les questions d'adressage vers le jouet, touchant de ce fait un peu plus directement les enfants.

Même du côté des applications plus littéraires, où l'objectif de défendre la littérature numérique n'engage pas *a priori* vers ce type de démarche, cet enjeu de la rematérialisation a également été perçu dans une perspective similaire. Dans le droit fil de nos remarques sur la faiblesse des contacts directs entre les applications et leurs utilisateurs finaux, une éditrice a par exemple tenté d'introduire ses livres numériques en librairie grâce à des « cartes à lire », le principe étant que le lecteur puisse y acheter une carte symbolisant le livre, sur laquelle il trouvera un code lui permettant de le télécharger. Le choix de mettre en place cette innovation est directement issu de questionnement sur l'adressage qu'elle avait rencontré sur des salons : « c'était aussi de pouvoir vendre en dehors des *stores*, donc maintenant, quand je montre mes livres en salons, qu'on me dit "où je peux l'acheter ?" : "maintenant, là, tout de suite !" Ça change tout » (M., éditrice, catalogue de plus d'une dizaine de livres numériques, région parisienne). Certes, en raison des conditions générales d'utilisation des *stores*, ce dispositif n'est autorisé que pour les livres numériques sous format ePub, et non les applications, qui une fois sur un *store*, doivent exclusivement être distribuées via ce biais. Cependant, il ouvre sur de nouvelles manières de s'adresser aux enfants et à leurs parents, pour ceux qui fréquentent ce type de lieu culturel. Surtout, il constitue là encore un moyen de diversifier les revenus et même de devenir plus rentable :

> Donc on vend même plus de cartes à lire, on vend plus en direct que par Apple. [...] Et on est sur les salons, par exemple à Montreuil, où on vend nos cartes à lire. Et ça change tout, c'est-à-dire que maintenant, on est les seuls éditeurs numériques à pouvoir rentabiliser notre stand. C'est idiot mais c'est quand même très important. Et ça permet d'avoir de la visibilité parce qu'exister sur Apple, c'est impossible, en tout cas on n'a toujours pas trouvé la solution (M., éditrice).

Conclusion

Nous avons tenté d'apporter ici un regard original sur le fonctionnement du marché des applications mobiles pour enfants, en étudiant ces dernières du point de vue de leur conception et de leur adressage.

Nous avons donné des pistes pour localiser cet adressage ainsi que ses destinataires, tout en pointant certaines de leurs logiques sous-jacentes. Nécessairement incomplet en raison de notre corpus qui ne reflète pas toute la production de ces applications, ce premier tableau montre des utilisateurs finaux – les jeunes enfants – faire l'objet d'une attention ambivalente : ils bénéficient d'un côté d'un adressage spécifique dans la conception générale des applications, construisant et valorisant leur autonomie ; de l'autre, ils ne sont pas pour autant des enfants livrés aux tablettes sans contrôle. Surtout, cet adressage enfantin s'intercale au milieu de nombreux signaux à destination des adultes et développés à différentes échelles : présents de manière relativement parallèle déjà sur les applications, les stratégies de communication en ligne des éditeurs font la part belle aux parents ; ils sont convoqués à différents titres pour accompagner leurs enfants et achever d'une certaine façon ce qui a été entamé durant le processus de conception, soit la nécessité de contrôler les usages de ces nouveaux dispositifs numériques. La tendance à la matérialisation de l'adressage, portée actuellement de différentes manières par les éditeurs, confirme et à la fois résout en partie cette ambivalence autour des enfants, en leur offrant des rôles plus actifs, non seulement comme consommateurs mais aussi comme testeurs des applications.

Il reste que ces enjeux du processus de conception n'épuisent pas pour autant toutes les représentations des enfants et de l'enfance qui y sont convoquées. Aussi cette exploration appelle des compléments, à commencer par des analyses sur des aspects des applications volontairement mis de côté, telle leur esthétique, qui renvoie comme dans le cas des albums jeunesse, à des anticipations fortes sur ce qui peut plaire aux enfants ou sur ce qu'il est possible de leur montrer. Il devrait par ailleurs être possible de reprendre les hypothèses faites par les concepteurs sur les destinataires de l'adressage et de tenter de les resituer socialement : en effet, leurs parcours biographiques les conduisent à anticiper certains types d'enfants et certains parents dans leur activité. Enfin, il pourra être intéressant de boucler la boucle en étudiant les conditions de réception de cet adressage, auprès de familles mais aussi d'éventuels intermédiaires, peu évoqués ici, que sont les bibliothécaires et médiathécaires ou encore les critiques d'applications. Nos premiers résultats, comme ces chantiers à poursuivre, témoignent néanmoins de la nécessité d'intégrer les applications à l'étude des cultures enfantines contemporaines, *a fortiori* quand on remarque qu'elles s'articulent avec d'autres produits pour enfants.

Bibliographie

Barrey, S., Cochoy, F. & Dubuisson-Quellier, S. (2000), « Designer, packager et merchandiser : trois professionnels pour une même scène marchande », *Sociologie du travail*, 42(3), p. 457-482.

Beauvisage, T., Beuscart, J.-S., Cardon, V., Mellet, K. & Trespeuch, M. (2013), « Notes et avis des consommateurs sur le web. Les marchés à l'épreuve de l'évaluation profane », *Réseaux*, n° 177, p. 131-161.

Brougère, G. (dir.) (2008), *La ronde des jeux et des jouets. Harry, Pikachu, Superman et les autres*, Paris, Autrement.

Brougère, G. (2015), « Choisir ses jouets : les aspects matériels dans la décision des enfants », *Tracés. Revue de Sciences humaines*, n° 28, p. 81-97.

Buckleitner, W. (2015), « What Would Maria Montessori Say About the iPad? Theoretical Frameworks for Children's Interactive Media », in C. Donohue (dir.), *Technology and Digital Media in the Early Years: Tools for Teaching and Learning*, New York, Routledge, p. 54-69.

Burke, A., & Marsh, J. (dir.) (2013), *Children's Virtual Play Worlds: Culture, Learning, and Participation*, New York, Peter Lang.

Caldwell, J. T. (2008), *Production Culture: Industrial Reflexivity and Critical Practice in Film and Television*, Durham, Duke University Press.

Chaudron, S. (2015), *Young Children (0-8) and digital technology: A qualitative exploratory study across seven countries*, Publications Office of the European Union, http://publications.jrc.ec.europa.eu/repository/handle/111111111/33897.

Cochoy, F. (2002), *Une sociologie du packaging ou l'âne de Buridan face au marché*, Paris, Presses Universitaires de France.

Cochoy, F. (dir.) (2004), *La captation des publics. C'est pour mieux te séduire, mon client…*, Toulouse, Presses Universitaires du Mirail.

CREDOC (2017), *Baromètre du numérique 2017*, Conseil Général de l'Économie, de l'Industrie, de l'Énergie et des Technologies /Autorité de Régulation des Communications Électroniques et des Postes /Agence du numérique.

Dezuanni, M., Dooley, K., Gattenhof, S. & Knight, L. (2015), *iPads in the Early Years: Developing literacy and creativity*, Abingdon, Routledge.

Gardner, H., & Davis, K. (2014), *The App Generation: How Today's Youth Navigate Identity, Intimacy, and Imagination in a Digital World*, New Haven/Londres, Yale University Press.

IPSOS (2017), *Junior Connect'2017*, IPSOS, https://www.ipsos.com/fr-fr/junior-connect-2017-les-jeunes-ont-toujours-une-vie-derriere-les-ecrans.

Jenkins, H. (2006), *Convergence Culture: Where Old and New Media Collide*, New York, New York University Press.

Krupicka, A. & La Ville, V.-I. de (2014), « Les catalogues de chambres d'enfants entre images et séries : analyse d'un corpus d'images publicitaires de fabricants de chambres pour enfants », *Strenæ*, n° 7, http://journals.openedition.org/strenae/1214.

McClure, E., Vaala, S., & Toub, T. S. (2017), *Discovering Kid's Apps: Do Family Strategy Vary by Income?*, Rapport publié par The Joan Ganz Cooney Center at Sesame Workshop, http://joanganzcooneycenter.org/wp-content/uploads/2017/06/jgcc_discoveringkidsapps.pdf.

Shuler, C. (2012), *iLearn II: An Analysis of the Education Category of Apple's App Store*, Rapport publié par The Joan Ganz Cooney Center at Sesame Workshop, http://joanganzcooneycenter.org/publication/ilearn-ii-an-analysis-of-the-education-category-on-apples-app-store.

Zabban, V. (2012), « Retour sur les *game studies* : Comprendre et dépasser les approches formelles et culturelles du jeu vidéo », *Réseaux*, n° 173-174, p. 137-176.

Zegaï, M. (2010), « La mise en scène de la différence des sexes dans les jouets et leurs espaces de commercialisation », *Cahiers du Genre*, n° 49, p. 35-54.

Les enfants du dessin animé

Genèse d'un programme télévisuel et incarnations du jeune public

Pascale Garnier et Sébastien François

Experice, Université Paris 13-Sorbonne Paris Cité

Qu'est-ce qu'un dessin animé pour les enfants ? Pour le jeune (ou moins jeune) téléspectateur, habitué des cases jeunesse des chaînes généralistes ou du flux continu des chaînes spécialisées (Gulli, Canal J, Disney Channel, etc.), il y a sans doute là une forme d'évidence mais c'est pourtant une question sur laquelle la sociologie peut porter un nouveau regard. Questionnant précisément les représentations sociales et culturelles des enfants, tout en analysant les classements d'âge qui les traversent (Garnier, 1995 ; James *et al.*, 1998), elle invite à se pencher autrement sur cet objet central des cultures enfantines. Au-delà de leur grande variété en termes de formats et de techniques[1], les dessins animés ne sont pas seulement consommés en tant que contenus culturels[2], mais également à travers de multiples produits dérivés, ce qui démultiplie leur présence dans l'environnement quotidien des enfants (Kline, 1993 ; Kinder, 1999 ; Marsh et Bishop, 2014 ; La Ville, 2017). Or, s'il est bien sûr important d'étudier les dessins animés que les enfants regardent,

1 Par abus de langage, l'expression de « dessins animés » oblitère souvent la diversité des possibles en matière d'animation (Wells, 2010 [1998]), quand elle ne fait pas disparaître également les contenus audiovisuels non animés à destination des enfants (fictions en prises de vue réelles, spots publicitaires, etc.).

2 Les données à disposition sont toutefois lacunaires et soumises à caution. Concernant la télévision, les enquêtes publiques sur les consommations culturelles, à quelques exceptions près (Jouët et Pasquier, 1999 ; Octobre *et al.*, 2010), ne traitent pas des moins de 15 ans. Par conséquent, le temps passé par les plus jeunes à regarder les dessins animés ne transparaît souvent qu'à travers les études d'instituts privés. Ceux-ci rappellent qu'en France, en 2014, les 4-14 ans regardaient en moyenne deux heures par jour la télévision (Médiamétrie, 2014), tandis que l'ordinateur ou la tablette deviennent aujourd'hui un autre moyen pour accéder aux contenus audiovisuels (Médiamétrie, 2017 ; CNC, 2017).

comment et ce qu'ils en font, ne faut-il pas, en parallèle, comprendre comment ils viennent aux enfants, en s'intéressant à leur conception et à leur définition même comme des « dessins animés pour enfants » ?

La préposition « pour » véhicule notamment deux significations distinctes, bien que largement confondues : d'un côté, l'idée d'un destinataire, d'une « cible », soit un adressage particulier à des personnes qualifiées par leur âge, et de l'autre, celle d'un bénéfice ou d'une adaptation spécifique à ces personnes, c'est-à-dire une appréciation sur ce qui est « bon » pour elles. Autrement dit, le « pour » (les enfants) articule la question de l'âge comme une forme de qualification des individus et comme un principe d'un ordre moral spécifique, attribuant des responsabilités et des prérogatives différentes aux personnes selon leur âge (Garnier, 2006). Cette tension, liée à l'âge des destinataires et à la projection que l'on s'en fait, peut bien entendu s'appliquer à tous les produits de l'enfance (Garnier, 2012). Mais dans le cas précis des dessins animés, l'enjeu est alors de savoir à quelles occasions et de quelles façons elle s'exprime chez les professionnels, tout au long du processus de création et de fabrication. Il s'agit aussi de mettre à jour les manières de convoquer et surtout de qualifier les enfants au cours du travail de conception. Qui vient justifier, et surtout de quelle manière, ce qu'il convient (ou non) de faire à leur égard, et en particulier ce qu'il est « bon », ou tout du moins « adapté », de leur montrer ?

Nous proposons pour cela une démarche qui allie une analyse du travail de création et de production dans les industries culturelles, à la façon des *production studies* (Caldwell, 2008 ; Mayer *et al.*, 2009 ; Hesmondhalgh, 2013), et une sociologie d'inspiration pragmatique (Boltanski et Thévenot, 1991 ; Hennion et Dubuisson, 1996). Cette dernière s'attache en effet à suivre les acteurs, à prendre au sérieux leurs discours et leurs manières de mettre la réalité à l'épreuve. Elle s'efforce ainsi de rendre compte de leurs manières de qualifier les personnes (selon l'âge, le genre, l'origine sociale, les caractéristiques géographiques ou ethniques, etc.), de les anticiper comme futurs utilisateurs (ou plutôt spectateurs ici), et de mettre à l'épreuve ce rattachement des individus à des propriétés sociales ou à des « scripts d'usage » (Akrich, 1993, 1995). Cet attelage théorique nous est apparu pertinent, car il s'agit ici d'analyser non pas les contenus eux-mêmes ou leur réception[3], mais bien les processus qui portent sur

[3] Outre les analyses de contenus inspirées notamment par les *gender studies* dont il sera question plus loin, la littérature en sciences humaines et sociales sur le dessin animé est fortement polarisée, entre une tradition établie de travaux sur l'esthétique de l'animation, plutôt cinématographique d'ailleurs (Pilling, 1998 ; Wells, 2010),

la conception des dessins animés et, tout particulièrement, la projection du (ou des) public(s) dans le travail de conception (Denis, 2008). En suivant cette analyse, nous insisterons ici sur le ciblage spécifique de l'enfance, entre d'un côté les représentations *a priori* d'un public auquel les dessins animés sont ou seraient destinés, et de l'autre la construction et la mobilisation, par les professionnels du secteur, de « technologies représentationnelles incorporées » (Denis, 2008, p. 179) relatives aux enfants[4], qui s'expriment à travers la manière de choisir, comme de mettre en récit et en mouvement les personnages des dessins animés.

Pour étudier au plus près la conception « en train de se faire », nous avons construit nos analyses à partir de la genèse d'un dessin animé particulier, produit pour la télévision : *Les Grandes grandes vacances*, diffusé en 2015. Après avoir rappelé les spécificités de ce programme et souligné les avantages et limites d'une telle approche, nous mettrons l'accent sur deux formes d'incarnation du jeune public, nécessairement plurielles, au cours du processus de fabrication du dessin animé : d'une part, en tant que « cible », catégorie qui, nous le verrons, dépasse la simple segmentation par âge des téléspectateurs et agrège des perceptions hétérogènes de l'enfance ; d'autre part, en tant qu'objets de représentations incorporées, car le scénario des GGV impliquait d'intégrer et de montrer des enfants à l'écran, ce qui là aussi a fait appel à des représentations socialement situées des enfants.

Une étude de cas : *Les Grandes grandes vacances*

Notre choix d'étudier un unique dessin animé est d'abord une réponse à un état de l'art où les recherches sur la « fabrique » de l'animation sont non seulement rares, mais souffrent aussi parfois d'importants biais. Ainsi, la création et la diffusion des dessins animés n'ont pendant longtemps été abordées qu'à la marge, dans les travaux traitant de leurs contenus ou de leur réception, même s'ils peuvent contenir çà et là des informations précieuses (voir par exemple Neveu, 1990 ou Stabile et Harrison, 2003). Les publications sur les programmes pour enfants et les chaînes jeunesse, avec

---

et des études de réception, centrées sur les effets de la télévision sur les enfants (Baton-Hervé, 1999), ou bien à l'inverse, sur l'appropriation des contenus par les enfants (Buckingham, 1993).

4 Dans sa démonstration, Denis (2008) emprunte notamment à Georges Herbert Mead le concept d'« adoption du rôle d'autrui » (Mead, 1963) et à la sociologie de la consommation, notamment à Barrey, Cochoy et Dubuisson (2000), l'idée de « représentation incorporée ».

des approches historiques (Poels, 2013 ; Perlmutter, 2014 ; Noesser, 2016) ou davantage tournées vers la télévision éducative (Duccini, 2013 ; Fisch et Truglio, 2000 ; Morrow, 2008), sont certes plus précises et systématiques, mais certaines ont eu tendance à reprendre le discours officiel des chaînes, telles certaines publications dédiées au *network* américain Nickelodeon (Bryant, 2006). Plus généralement, il se pose un véritable problème de sources dès lors que les industries culturelles se chargent de définir le discours « officiel » sur la genèse de leurs contenus, en produisant par exemple ces fameux *making-of*, reportages ou documentaires promotionnels utilisés à la sortie de longs-métrages ou comme bonus DVD. En cela, on voit immédiatement la plus-value qu'il y a à interroger directement les professionnels ou à réaliser des enquêtes ethnographiques : le travail de Ian Condry (2013) sur les studios d'animation japonais, celui de Dana Lemish (2010) sur les producteurs de dessins animés et leur perception du genre dans différents pays ou celui de Jeanette Steemers sur la *pre-school TV* au Royaume-Uni (2010) sont très récents et demeurent des exceptions. Toujours est-il qu'ils nous ont conduit à restreindre à notre tour la focale et à ne pas nous contenter de données de seconde main.

Une opportunité de terrain s'est présentée autour des *Grandes grandes vacances* (GGV), une série animée feuilletonnante de dix épisodes de vingt-six minutes. Co-produit par Les Armateurs et France Télévisions, son projet remonte à 2008-2009, avec une première diffusion en mai 2015 sur France 3. Son synopsis, au dos de la pochette du DVD, donnera une rapide idée de son contenu :

> Nous sommes en septembre 1939, Ernest et Colette, deux petits Parisiens de 11 et 6 ans, passent un week-end en Normandie chez leurs grands-parents. La France entre en guerre et les parents décident de les laisser loin de Paris, le temps de « voir venir ». Les enfants vont finalement rester cinq ans, ce séjour se transformant en « grandes grandes vacances ». Ils vont alors grandir et s'adapter dans un monde en guerre qui bouleverse tous leurs repères. Mais ils découvriront aussi les joies de la nature et des animaux avec leur nouvelle bande de copains.

Pour citer un extrait du dossier de presse abondamment repris, la série raconte la Seconde Guerre mondiale et l'occupation « à hauteur d'enfants[5] » et a la particularité d'être une création originale, et non l'adaptation d'un

[5] Extrait du document préparé par France Télévisions et multidiffusé auprès de différents médias quelques semaines avant la diffusion initiale des GGV. L'expression qui se retrouve dans plusieurs articles de presse a par ailleurs été prononcée plusieurs fois par les personnes interrogées, sans que nous ne le sollicitions.

contenu culturel existant, par exemple issu de la littérature jeunesse. De par son thème, le dessin animé partait donc, dès ses origines, avec un capital symbolique et une légitimité culturelle particulièrement forts comparés au reste de la programmation jeunesse, ce qui s'est traduit notamment dans son budget. Mais le côté « atypique » des GGV, souligné très souvent par les acteurs, tient aussi et surtout à certains aspects de son développement : le projet a été porté de bout en bout par son instigatrice principale, Delphine Maury, qualifiée de « directrice artistique » ou même de « *showrunner* » à l'instar du monde anglophone des séries, ce qui est assez unique dans la fabrication des dessins animés pour la télévision[6]. Remarquons aussi le soutien financier et l'accompagnement très précoce de ce projet par France Télévisions, le groupe ayant été directement contacté par Delphine Maury, quand le plus souvent, la démarche consiste à trouver d'abord un producteur : les enjeux de diffusion télévisuelle de la série ont de ce fait été très tôt présents, comme nous le verrons plus loin. Enfin, les GGV ont à la fois remporté un succès tout autant critique (ce qui s'est traduit dans l'obtention de différents prix[7]) que populaire, puisqu'au million et demi de téléspectateurs de la première diffusion (en cumulé, sur la chaîne et via le *replay*) sont venus s'ajouter ceux des rediffusions, ceux liés aux ventes du DVD ainsi que ceux des pays où le dessin animé a été exporté (l'Allemagne via la ZDF, la Suisse via la RTS, et beaucoup d'autres grâce à Netflix plus récemment). Le processus de conception étudié ici ne prétend donc, aucunement, être représentatif de celui de la majorité des dessins animés diffusés sur les écrans français. Cependant, les différentes manières dont le jeune public y a été convoqué ont bien une portée qui dépasse le cas des GGV et c'est ce dont nous avons voulu rendre compte ici.

Débutant notre enquête le mois de la première diffusion, nous avons travaillé sur la conception du dessin animé de manière rétrospective, en nous appuyant principalement sur des entretiens auprès des différents interlocuteurs mobilisés par le projet. Ils recouvrent un large spectre de professions au sein de l'industrie culturelle de l'animation, avec, entre autres, les scénaristes, les producteurs, les diffuseurs, le réalisateur, la directrice de casting, un storyboarder, des animateurs, ou encore les personnes en charge

6 Les questions autour du ou des auteurs des dessins animés pour la télévision mériteraient à eux seuls d'autres articles (*cf.* Wells, 2002).

7 Citons notamment : le prix « Nouveau Talent Animation » de la SACD (Société des Auteurs et des Compositeurs Dramatiques), prix de la meilleure série d'animation internationale au festival du film d'animation de Stuttgart et au Kecskemét Animation Film Festival en Hongrie, les « lauriers jeunesse » de la radio et de la télévision, etc.

des quelques produits dérivés[8]. Ce qui nous intéresse ici est toutefois moins la répartition des rôles et les chaînes de collaboration entre professionnel.le.s dans la création de la série (elles feront l'objet d'autres restitutions) que l'analyse de leurs manières, plus ou moins partagées, de parler des enfants *dans* et *pour* les GGV.

En outre, le fait que le dessin animé déroge en partie aux processus et aux circuits traditionnels de production de l'animation télévisée a justement été une chance pour nous chercheurs, puisque ce cas mettait en quelque sorte à l'épreuve – au sens de faire apparaître et de tester la robustesse – les contraintes du système sur la mise en forme du contenu. Dans son travail sur la fabrication des bandes-annonces créées en interne par une grande chaîne de télévision, Jérôme Denis (2008) insistait pareillement sur la « forme incorporée » du public chez les concepteurs et sur la « subjectivité partagée » entre les acteurs et le public, qui met à l'épreuve l'objet produit : grâce aux GGV, nous avons de notre côté repéré plusieurs incarnations du jeune public qui se sédimentent, ou parfois s'affrontent, dans le travail quotidien des professionnels, pour finalement coexister et se compléter au fil de la conception de cette série.

Convoquer les jeunes téléspectateurs : une « cible » à (ré)incarner ?

Comme le rappelle Géraldine Poels dans un article consacré à l'émergence et au développement historique des programmes télévisés pour la jeunesse, les enfants ont rarement été une cible abstraite pour les chaînes de télévision, tel un agrégat de téléspectateurs simplement réuni sous le critère de l'âge. Parce que le « public enfantin » n'est pas considéré comme n'importe quel public, par les professionnels eux-mêmes mais aussi, plus généralement, par la société, il a toujours fait l'objet de discours, plus ou moins étayés, voire de recherches[9], qui ont ensuite guidé pour partie les choix de programmation (Poels, 2013). À un niveau plus microsociologique et surtout en dépassant le seul pôle de la diffusion, notre étude explore les modes de mobilisation, d'appropriation et de mise

---

[8] Nous en profitons pour remercier l'ensemble des professionnel.le.s, et les entreprises qui nous ont ouvert leurs portes (Blue Spirit, Les Armateurs, Folivari, Tant Mieux Prod, Piste Rouge, Cyber Group, France Télévisions).

[9] Poels (2013) décrit comment les chaînes, et en particulier le service public, ont très tôt cherché à se constituer, en interne, des connaissances sur leurs jeunes téléspectateurs, même si c'est au travers de méthodes et d'indicateurs relativement artisanaux.

à l'épreuve de ces représentations hétérogènes sur l'enfance incarnées dans le dessin animé : pour s'assurer que les enfants soient bien devant les GGV, les professionnels ne s'adressent pas qu'à leur comportement supposé de téléspectateurs devant tel ou tel programme ; ils intègrent également des schémas de compréhension de l'enfance plus généraux, qu'ils confrontent à leur propre expérience.

Enjeux de diffusion et de distribution

Pour trouver trace de ces savoirs sur l'enfance et de leur entrelacement avec le travail de conception, il suffit par exemple d'examiner la façon dont s'est élaborée la programmation du dessin animé. Les GGV sont d'abord un feuilleton, c'est-à-dire un dessin animé dont l'arche narrative principale se déploie sur un ensemble d'épisodes ; pour en comprendre l'histoire, il est nécessaire de tous les regarder selon un ordre déterminé. Loin des dessins animés dont les épisodes indépendants ont l'avantage d'être diffusables et rediffusables facilement au sein des cases jeunesse (Chambat-Houillon et Jost, 2003), le format des GGV, représentait donc un enjeu de développement qui exigeait très en amont de sa production une « piste de programmation » (diffuseur), accompagnée d'une campagne publicitaire adéquate. Avant même d'en définir précisément le contenu, il fallait construire cette logique de « rendez-vous » (*id.*) avec les enfants, ce qui semble ne plus aller de soi dans le paysage audiovisuel actuel. Certes, le service public dispose encore de cases jeunesse relativement identifiées dans ses grilles, mais elles ne garantissent plus le suivi, à jour et à heure fixes, d'une série à plus ou moins long cours. Cette difficulté est le résultat des concurrences entre chaînes, dont certaines sont aujourd'hui spécialisées sur le créneau jeunesse, et pour qui la séduction du public enfantin passe notamment par un jeu sur les durées et les horaires :

> Le principe même de la programmation jeunesse moderne, c'est d'avoir un mal fou à fixer un rendez-vous fixe. D'abord parce que les grilles sont flottantes, l'offre pléthorique et la guerre entre les chaînes font que chacun essaie de démarrer avant l'autre et de réajuster quotidiennement ces grilles, et qu'on a un besoin de faire en sorte qu'on optimise (Diffuseur).

Si la flexibilité des diffusions est sans doute ici en partie exagérée, la stratégie du groupe France Télévisions semble bien aller dans cette direction, à l'articulation entre contraintes économiques et comportements supposés des enfants. Depuis 2008, l'unité jeunesse est ainsi commune à toutes les chaînes du groupe, et propose une offre sur trois chaînes, avec un ciblage explicitement différencié selon l'âge : France 5 avec ses cases « Zouzous » vise les préscolaires et France 3, sous la marque « Ludo », les 6-12 ans[10] ; France 4 occupe quant à elle un positionnement hybride, et moins stabilisé[11]. Les cases jeunesse témoignent d'ailleurs de tentatives pour cibler encore plus finement les téléspectateurs, selon les jours et les horaires, à l'intérieur des différentes tranches d'âge, ce qui peut entrer en contradiction avec les ambitions de certains programmes, à l'image des GGV voulant toucher, au-delà des enfants, un public « familial » en valorisant la dimension intergénérationnelle de la série (Garnier, à paraître). Dans ce contexte, les questions de programmation et de ciblage selon l'âge sont intervenues très tôt, comme le précise Delphine Maury :

> On est là à dire : « votre truc, c'est pour des 9-12, c'est pour des 6-8 ? ». Je dis que vraiment, c'est une blague, ces histoires de tranches d'âge puisque finalement, à la moindre aspérité, qu'est-ce que vous nous sortez comme argument ? Que les enfants de 3 ans sont déjà abandonnés devant la télé et que de toute façon, il faut qu'eux aussi aient accès au truc. De quoi on parle exactement avec vos tranches d'âge ? De quoi on parle ? Je n'ai toujours pas compris. « C'est très important, les segments, etc. ». C'est n'importe quoi.

Ces propos, qui donnent un aperçu des discussions initiales entre la créatrice et France Télévisions, commencent déjà à mettre en lumière la manière dont peuvent s'entrechoquer différentes catégories et représentations de l'enfance. Il faut toutefois se garder de tout binarisme car, ne serait-ce que du côté du diffuseur, il n'y a pas qu'une façon de parler des jeunes téléspectateurs : si les enfants y sont effectivement modélisés en « segments » (« 6-8 » et « 9-12 » ans), en référence à ceux utilisés par les mesures d'audience quotidiennes de Médiamétrie, la réflexion sur leurs attentes et leurs goûts peut aussi être alimentée par les informations fournies par le service des études de France Télévisions, qui organise des séminaires pluriannuels sur les pratiques culturelles et médiatiques des jeunes. De

---

[10] Après le *preschool* pour les enfants avant l'âge de la scolarité obligatoire, on note que les tranches d'âge suivantes paraissent plus larges et plus flottantes : 6-10, 6-12, 7-10 ou encore 7-12 ans.

[11] Depuis fin mars 2014, France 4 avait pour mission de toucher les enfants jusqu'en milieu d'après-midi, grâce à des programmes présentés sous son propre habillage (auparavant « Ludo »), puis aux adolescents et jeunes adultes en soirée ; sa stratégie a évolué de nouveau au printemps 2016 pour « renforcer l'écoute conjointe parents-enfants » à partir de la fin d'après-midi (interview de Tiphaine de Raguenel, directrice exécutive de France 4 pour *Média +* : http://www.lemediaplus.com/tiphaine-de-raguenel-france-4-creer-passerelles-entre-loffre-de-journee-loffre-soiree-lune-priorites/ (Consulté le 15 septembre 2017).

plus, unité jeunesse (soit le versant éditorial, qui détermine en particulier les choix de co-production et d'acquisition) et unité de programmation étant séparées dans l'organigramme du groupe, c'est souvent lors de débats internes que s'expriment et se résolvent les divergences sur la façon de mobiliser au mieux les enfants devant leurs écrans.

Le cas des GGV est toutefois spécifique, car la voix de la créatrice, Delphine Maury, s'est intercalée dans ces processus, en particulier par sa présence physique récurrente lors des réunions de développement du projet chez France Télévisions. De ce fait, elle a non seulement apporté ses propres appréciations sur le public enfantin, comme celles citées précédemment, mais aussi discuté les termes posés par la chaîne, remettant en cause par exemple une responsabilité partagée face à l'hémorragie des jeunes audiences télévisuelles qui commence aujourd'hui dès 9-12 ans : « c'est à nous de penser des projets qui font qu'on garde ces enfants-là », rapporte-t-elle en entretien. Cela s'est justement retrouvé dans l'ambition des GGV d'aller au-delà de la cible enfantine, visible à la fois dans le contenu du programme, comme dans son dispositif de diffusion et de promotion.

En tant que « création originale », les GGV s'inscrivaient notamment à rebours des stratégies fondées sur des héros/héroïnes iconiques et plébiscitées pour les cases jeunesse. Comme l'indique un diffuseur, calculs et ruses étaient dès lors nécessaires pour que cette nouvelle série s'intègre parmi les programmes plus connus des enfants – ceux qu'ils retrouvent aussi sur d'autres supports (Brougère, 2008) – et bénéficie de leur notoriété et de leur pouvoir d'attraction.

> Il faut sans doute que ça existe comme c'est proposé là, à l'intérieur de cases, dont on sait qu'elles sont très regardées par ailleurs, qu'on va encadrer avec un programme qui marche très bien, et puis à l'intérieur, hop on glisse un petit peu quelque chose de créatif, de plus inattendu. Hop on reboucle avec autre chose. Ça c'est de la programmation, mais voilà, il y a des possibilités (Diffuseur).

Les professionnels des chaînes travaillent ainsi sur un public qui a déjà ses « habitudes », qu'il faut savoir flatter, mais aussi déranger. Pour créer l'événement autour des GGV, c'est donc la chaîne France 3 qui a été choisie pour la première diffusion française, d'un côté en raison de sa marque Ludo plus adaptée que les Zouzous de France 5, de l'autre pour ses audiences plus élevées que France 4.

Surtout, la programmation a eu lieu pendant des vacances scolaires – avec des cases jeunesse plus longues en matinée la semaine –, ce qui permettait d'activer les leviers nécessaires à ce type de « spécial » et à sa diffusion unique : proposer des bandes-annonces fréquentes et devant un public déjà plus large, annoncer l'horaire spécifique du programme, etc. Les vacances de printemps de 2015 avaient d'ailleurs été envisagées de longue date pour la diffusion des GGV, puisqu'elles correspondaient au soixante-dizième anniversaire de la fin de la Seconde Guerre mondiale. Tout en créant de fait de multiples contraintes pour boucler la production de la série à cette échéance, cette conjonction avec la célébration de l'événement historique a également contribué à en légitimer le contenu au plus haut niveau de France Télévisions. Toutefois, ces vacances étant échelonnées en trois zones en France, la stratégie de diffusion a aussi exceptionnellement modifié les possibilités de rattrapage en ligne : l'unité jeunesse a obtenu que l'ensemble des épisodes GGV reste accessible pendant toutes les vacances, au lieu des sept jours habituels du *replay*. Là encore, le travail d'adressage du dessin animé s'est donc réalisé au carrefour des contraintes imposées par le format feuilletonnant des GGV et la réinterprétation, par certains professionnels, de comportements attribués *a priori* aux jeunes téléspectateurs.

Des enfants derrière l'écran : ciblage d'un public

Notre approche de la conception du dessin animé montre ainsi que la construction du public enfantin n'a rien de mécanique, loin du recours à des recettes éprouvées et standardisées selon l'âge des enfants, quoique le statut particulier des GGV exacerbe sans doute cette dimension. *A fortiori*, les professionnels projettent dans leur travail plus que des comportements de visionnage : non seulement ils les contextualisent, mais ils intègrent des représentations plus générales sur l'enfance. La tension entre les dimensions « didactique » et « ludique », qui traverse cette série comme tant d'autres produits pour enfants (Garnier, 2011), l'illustre particulièrement. La portée « didactique » des GGV, c'est-à-dire sa capacité à transmettre des connaissances, notamment sur la Seconde Guerre mondiale, est presque consubstantielle au programme, mais elle s'est construite avec l'intention d'éviter la forme scolaire du cours d'histoire : d'emblée, par sa forme même de dessin animé, genre ancré dans la sphère du divertissement ; par son contenu également qui se devait d'être « très ludique » pour séduire les enfants ; enfin, par son souci de se situer à « hauteur d'enfant ». Cette articulation des deux logiques est largement valorisée dans les propos des différents acteurs, à commencer par les diffuseurs :

> Sachant qu'une des grandes forces du projet me semblait être évidemment tout l'axe didactique, mais aussi tout l'axe pour le coup, lui, très ludique qui est tout ce paradoxe de la situation des enfants qui ont beau prendre

de plein fouet, outre l'absence de leurs parents, la violence du conflit, à des degrés divers, mais paradoxalement qui précisément parce qu'ils ne sont plus avec leurs parents et qu'ils sont avec leurs grands-parents dans un contexte radicalement différent où la présence masculine est de moins en moins là, ils sont dans une situation de liberté et de trucs somme toute assez rigolos, voilà, donc c'était avec ces deux axes (Diffuseur).

Se rattache immédiatement à l'axe « didactique » le fait que le dessin animé se déroule pendant la Seconde Guerre mondiale, période au programme d'histoire du cours moyen deuxième année (rassemblant en principe des enfants de 10-11 ans lors de leur dernière année d'école élémentaire) : le jeune téléspectateur peut donc être pensé comme écolier et/ou futur adulte dont on forme la culture historique. En cela, le dessin met en scène des savoirs objectifs, ce qui a en partie structuré le travail de création et, *a posteriori*, le développement d'un matériel pédagogique pour les enseignants diffusé par la plateforme *lesite.tv*.

Delphine Maury, avec les ressources de ses études en ethnologie, a cherché à ressaisir l'expérience vécue des enfants pendant la guerre : outre son large travail de documentation, elle a réalisé des entretiens avec des personnes qui étaient enfants à l'époque. Leurs témoignages ont servi de base à plusieurs péripéties et ressorts de l'intrigue, ainsi qu'à des pastilles d'une minute clôturant chaque épisode[12]. C'est d'ailleurs une comédienne de plus de 80 ans, elle-même « petite fille pendant la guerre » (Delphine Maury), qui fait la voix off de la série, représentant Colette devenue vieille. Cette exigence en matière de réalisme historique est aussi allée de pair avec le recours, pour la bible graphique, à Émile Bravo, à qui l'on doit des bandes dessinées comme *Spirou, journal d'un ingénu* (2011) ou *On nous a coupé les ailes* (2014) qui exploraient déjà la thématique de la guerre vécue par des enfants. En outre, une historienne, « grande spécialiste de la place de la femme durant la résistance » (*id.*), a été consultée après l'écriture des synopsis pour s'assurer des références historiques, par exemple celles relatives aux « enfants résistants » restées souvent méconnues.

Mais le dessin animé n'est justement pas une leçon d'histoire sur le second conflit mondial. Du côté du « ludique » ou du « divertissement », on peut relever, outre le format animé lui-même, tout un ensemble de

[12] Chaque épisode est suivi d'une séquence animée réalisée par un.e jeune diplômé.e de l'école de La Poudrière, une des formations les réputées et les plus sélectives dans le domaine de l'animation. Ces dix courts-métrages illustrent, dans un style graphique chaque fois différent des GGV, un des témoignages recueillis en rapport avec l'épisode.

décalages créés par le scénario, à commencer par ce déplacement « forcé » de deux petits citadins dans une Normandie rurale. Plongés au cœur d'une nature partiellement domestiquée (autour de la ferme de leurs grands-parents, à la plage, et surtout dans la forêt), Ernest et Colette peuvent vivre leur lot d'aventures, d'explorations, de découvertes en dehors de la présence des adultes. Point de départ de l'histoire, les tout premiers adultes à disparaître, ou du moins à figurer en pointillés en raison de leur éloignement, sont les parents des deux héros :

> Donc j'avais, dramaturgiquement, une base hyper solide et en même temps, qui copiait complètement le système de *Harry Potter* et de tous les Walt Disney, qui est que quand on a un orphelin, quelqu'un qui n'a pas de parents, on est libre de lui faire vivre ce qu'on veut puisque les parents, c'est vraiment l'empêchement (Delphine Maury).

Cette thématique initiale du retour à la nature et de l'opportunité d'offrir aux téléspectateurs des situations enfantines moins cadrées ou « aseptisé[e]s » (*id.*) que dans la production dominante de dessins animés pour la télévision, est justement l'autre ligne de force qui a permis au projet de se mettre en place. Or, à ses débuts, le projet de cette série a été soutenu financièrement par le Centre national du cinéma et de l'image animée (CNC), via son fonds d'aide à l'innovation audiovisuelle, pour qui la dimension pédagogique des productions pour les enfants ne doit justement pas l'emporter sur leur caractère ludique :

> Maintenant si ce qui vous intéresse c'est le contenu de ce qu'on peut demander à retravailler, ça oui, oui très clairement la plupart du temps au concept, on va leur demander de retravailler conceptuellement l'équilibre entre le ludique et le pédagogique, par exemple, parce qu'il y a beaucoup de séries ludo-pédagogiques où le message est tellement fort, un peu lourd, qu'il est au détriment de l'aventure, de la création et de ce qui va intéresser les enfants et de ce qui nous intéresse nous (Responsable au sein du CNC).

Travail de compromis, au sens des *Économies de la grandeur* (Boltanski et Thévenot, 1991), l'objet produit, pris entre les logiques « ludique » et « didactique », est par définition fragile, en même temps qu'il autorise des lectures différentes pour les téléspectateurs, qu'ils soient jeunes ou moins jeunes. Les images de l'enfance qui soutiennent cette tension jouent en effet sur un vaste réseau intertextuel (La Ville *et al.*, 2017), à destination des enfants comme des adultes qui pourront accompagner le visionnage ou même apprécier eux-mêmes le feuilleton. Le réalisme historique – auquel « dans les détails », un « puriste » trouverait à redire selon Guillaume

Mautalent, un des scénaristes, lui-même ancien professeur d'histoire-géographie – procède également de choix esthétiques : d'un côté la ligne claire de la bande dessinée franco-belge, notamment par le truchement des dessins de Bravo ; de l'autre, le soin du détail, la fluidité, mais aussi l'onirisme liés à la représentation de la nature, typique d'un Miyazaki, le réalisateur japonais d'animation, cité à plusieurs reprises par différents acteurs, au titre d'une « culture référentielle de japanimation » (storyboarder) partagée entre plusieurs professionnels. Cela a eu des conséquences très concrètes dans la fabrication du programme puisque le studio chargé de l'animation a utilisé un logiciel qui lui est propre, pour être capable d'animer en 3D avec un rendu 2D. Les GGV font par ailleurs écho à d'autres dessins animés empreints de la même double ambition, telles *Les mystérieuses cités d'or*, exemple majeur d'un feuilleton d'animation franco-japonais dont les épisodes de la première saison, diffusée en 1983-1984, se concluaient déjà par une courte séquence pédagogique. Enfin, soulignons que l'hybridité du ludo-éducatif se retrouve aussi dans les extensions du dessin animé, avec le développement d'un *serious game* en ligne, développé avec et pour France Télévisions Éducation, une novellisation en quatre volumes et quatre cahiers d'activités, tous publiés chez Bayard.

Cette tension entre une enfance à éduquer et des enfants enclins au divertissement n'épuise évidemment pas l'ensemble des représentations de l'enfance et des enfants que les professionnels mobilisent au cours du travail de conception, mais elle donne une première idée de leur complexité, tout comme de la diversité de leurs sources. Cette hybridité du projet est d'ailleurs ce qui a pu convaincre différents acteurs d'y participer, car il permet à la fois d'aborder les réalités de la Seconde Guerre mondiale avec les enfants et de penser ces derniers comme capables de s'approprier ce dessin animé et de tisser des liens d'intertextualité à partir de ce dernier (Buckingham, 2011). Au-delà de réseaux communs et d'habitudes de travail acquises sur de précédents projets dont font état une partie de nos interlocuteurs, leur attachement pour cette série paraît d'emblée lié à ces différentes dimensions des GGV. Le pari que les enfants vont « *accrocher* », comme ils le sont eux-mêmes par ce projet, va de pair avec certains choix (narratifs, esthétiques, etc.), qui ne sont pas pour autant vérifiés de manière précise au cours du processus de conception face à des enfants en chair et en os.

En effet, dans notre cas d'étude, comme plus généralement dans la production française de dessins animés, il n'y a ainsi pas eu de projections-tests ou de panels d'enfants préalables à la diffusion. Selon nos interlocuteurs, seuls quelques grands studios américains disposent des ressources suffisantes pour mettre en place ce genre de pratiques ; pour sa part, l'unité jeunesse de France Télévisions souhaiterait pouvoir travailler avec des jeunes téléspectateurs bien en amont de la diffusion et non seulement *a posteriori*. Mais cette absence de participation formelle ne signifie pas l'absence des « vrais » enfants : certains professionnels mobilisent leur expérience personnelle, des témoignages de leurs proches, telles les « histoires d'enfants » recueillies, ou bien se projettent « à la place » des enfants, comme cela nous a été rapporté au sujet de Delphine Maury, comparée à plusieurs reprises à la jeune Colette des GGV. En particulier, certains interlocuteurs qui travaillent à domicile, comme c'est le cas pour toute une partie des professions artistiques et créatives (Siniglia-Amadio et Siniglia, 2015), soulignent comment leurs propres enfants peuvent intervenir dans leur travail de conception : « pour tout ce qui va être la gestuelle de l'enfant, comment on va le cadrer, et tout ça, je me suis inspiré des enfants de mon entourage », explique par exemple un storyboarder. Ces enfants présents à la maison (*cf.* Zafirau, 2009) peuvent aussi être mobilisés ponctuellement pour « tester » une conception en cours, comme l'indique le scénariste Guillaume Mautalent : « les gamins ont regardé des animatiques[13] avec des yeux gros comme ça et ça fonctionnait ». C'est donc à travers des situations informelles et le plus souvent de manière indirecte que des « vrais » enfants ont droit de cité dans la conception même du dessin animé.

Au cours de la production de cette série, le potentiel jeune public est par conséquent abordé au travers de schèmes qui articulent des savoirs à vocation objective (résultats d'audience, études internes et externes, etc.) comme des représentations semi-structurées de l'enfance, à l'image de la tension ludique/didactique, mais dont les sources sont beaucoup plus hétérogènes : cela permet de faire avancer le projet, en créant des consensus, même si les expériences de l'enfance et des enfants restent éminemment personnelles. Néanmoins, elles sont aussi porteuses d'imaginaires socialement marqués, ce dont témoigne également le choix des personnages d'enfants portés à l'écran.

---

[13] Les animatiques sont des versions préliminaires de l'animation, réalisées à partir du storyboard : celui-ci est monté, minuté et complété d'une première bande sonore, avec les voix définitives ou des voix témoins.

La « chorale » des personnages : diversité des enfants intégrés au dessin animé

Les personnages étant un des vecteurs essentiels de l'adressage aux enfants, puisque c'est principalement à travers des héros ou héroïnes iconiques que peut naître l'attachement au produit culturel, avec une part éventuelle d'identification (Cross, 2004 ; Brougère, 2012), il y avait là un choix de conception des personnages intéressant pour notre approche. À rebours de la critique de l'« enfantisme » de la télévision jeunesse, selon laquelle les professionnels privilégieraient des représentations universalistes de l'enfance (Neveu, 1999), notre enquête sur les GGV suggère plutôt que les professionnels intègrent dans leur travail des représentations de l'enfance très ancrées socialement, le pluriel faisant d'ailleurs surgir la problématique de la diversité des enfants. Durant le processus de conception, cette dernière est une préoccupation explicite, notamment dans la genèse et le développement des personnages, qui font se croiser plusieurs niveaux de diversité.

Les GGV mettent ainsi en scène beaucoup d'enfants, dont les caractéristiques (relatives au caractère des enfants, mais aussi sociodémographiques) sont riches, tranchées et en tension. Tous semblent porteurs d'histoires et d'univers propres, prêts à se déployer. Mais loin d'être définis une fois pour toutes par un seul auteur, les personnages résultent d'une œuvre collective, chaque professionnel pouvant laisser son empreinte au fil de la conception du dessin animé, comme le souligne un storyboarder :

> C'est peut-être de la psycho de comptoir de dire ça, mais chaque personne est composée aussi de plein de facettes. Et finalement c'est peut-être ça qui fait que ça devient quelque chose de réaliste dans le personnage : le fait que chacun y mette une facette de quelqu'un qu'il connaît, ça complexifie. […] Ce qui est intéressant, c'est qu'au final les téléspectateurs ne voient qu'une seule personne. C'est à dire que dans Colette il y a… Alors je ne sais pas : Paul [le réalisateur] a une nièce, ou un neveu, ou une voisine, voilà Paul y a mis des personnages, les scénaristes aussi…

C'est cependant en groupe que les personnages enfants vont pouvoir le mieux exprimer leurs « caractères » bien différenciés et dépasser les frontières qui existent entre eux : « Tous les personnages ont leur propre arche qui s'est faite autant naturellement que par l'interaction qu'ils ont entre eux », explique le scénariste, Guillaume Mautalent. D'où l'idée de « truc choral » qu'il utilise pour caractériser la pluralité des enfants dont les différences nourrissent la singularité de chacun et la dynamique d'une « bande » qu'ils formeront ensemble.

Diversité d'âges et grandissement des enfants

L'histoire des GGV est centrée sur deux jeunes protagonistes dont l'âge est nettement précisé : au début de l'histoire, Ernest a 11 ans et Colette en a 6. Au fil de l'histoire, ceux-ci tissent des liens avec des enfants aux âges variés : des ami(e)s de Colette jusqu'à Fernand, jeune juif alsacien envoyé « à l'abri » en Normandie, l'amplitude va de 6 à 14 ans[14]. L'âge des personnages de la série renvoie directement à l'âge du public d'enfants auquel la série est adressée. C'est en tout cas l'idée que développe le diffuseur :

> Si on rentre dans le détail, admettons un programme pour les 6/8 ans, cœur de cible, le diffuseur [...] il va se dire « bon, pour que le public s'identifie vraiment à ce héros, il faudrait qu'il ait l'âge du héros, 6/7 ans ». Et puis en fait, ensuite, il va réfléchir, il va se dire « ah oui, mais en même temps, est-ce que ce n'est pas un peu plus valorisant pour l'enfant de s'identifier à quelqu'un d'un peu plus vieux ? » Donc il va plutôt demander que le héros ait 9 ans. Mais en même temps dans les problématiques qu'il va traiter quotidiennes et à l'enfant, est-ce que 9 ans, ce sont les mêmes que 7 ans ? Pas tout à fait. Donc il va falloir trouver un copain, éventuellement, pour que toutes les problématiques soient abordées mais qu'au fond l'identification se fasse davantage sur celui un peu plus âgé...

La gestion de l'âge des jeunes téléspectateurs s'affirme bien comme un enjeu pour les concepteurs qui, dans leurs tâches quotidiennes, sont amenés à discuter les tranches d'âge conventionnelles de la télévision jeunesse. Alors que les GGV ont été programmées à l'intérieur d'une case 6-12 ans, la question des degrés de compréhension et celle des seuils d'acceptabilité en fonction de l'âge se sont posées en référence, là encore, aux situations vécues par les personnages et en particulier les plus jeunes.

Là où une grande part des dessins animés pour la télévision repose sur le principe de la « série », au sens formel du terme, c'est-à-dire avec une forme d'atemporalité, il faut souligner le traitement accordé au

---

[14] La présentation de la série marque les âges (au début de la guerre) et les milieux sociaux des personnages : Colette (6 ans) et son frère Ernest (11 ans), parisiens ; Jean (12 ans), fils du maire ; Marcelin Morteau (12 ans) et Gaston Morteau (8 ans), deux frères, fils de fermiers ; Muguette (13 ans), orpheline de mère, « sauvage et volontaire », en marge des enfants du village ; Fernand (14 ans), déplacé, alsacien et juif par sa mère ; Rosalie (6 ans), fillette juive qui fuira avec l'Anglais (un aviateur blessé et recueilli par les enfants) après que ses parents se soient faits arrêter ; Paul Tissier (10 ans), fils de l'épicier.

« grandissement[15] » des personnages d'enfants au cours des cinq années que dure la Seconde Guerre mondiale, sur laquelle s'articule la construction narrative des GGV. La croissance physique des personnages n'est cependant pas accentuée dans le graphisme, comme l'explique l'auteur de la bible graphique, Émile Bravo.

> Mais en fait, mis à part la taille, les visages qui s'affirment un petit peu, il n'y a pas grand-chose, il n'y a pas une énorme différence, surtout que j'ai un trait très simple, c'est de la ligne claire, c'est des codes. Ça ne représente pas vraiment la réalité, c'est des codes pour parler d'un jeune gamin, donc entre très jeune et jeune… Les codes changent quand c'est plus enfant/adulte.

Pour les voix des personnages enfants, ce sont des comédiens adolescents ou des jeunes adultes, à la voix « fraîche », qui ont été choisis, comme l'explique la directrice du casting, en raison à la fois de contraintes budgétaires et temporelles nécessitant « moult réunions » et « concessions » ; c'est finalement une solution technique qui a permis d'assurer un léger « grandissement », à peine perceptible pour le spectateur :

> La difficulté des *Grandes grandes vacances* c'est au-delà de ça, c'est qu'ils grandissent. […] Donc après, on a plutôt choisi de jeunes adultes, en tout cas de grands adolescents, pour faire Colette et Ernest, qui ont été légèrement pitchés[16] sur le moment où ils sont petits et qui après, petit à petit, reprennent leur voix naturelle. Ce sont eux qui se sont vieillis au fur et à mesure des épisodes (Directrice de casting).

Du point de vue graphique et sonore prédomine ainsi une continuité des corps et des voix des personnages qui va de pair avec une représentation continue du cours de la vie, des transformations naturelles, insensibles et discrètes. Autant, sinon davantage, que par leur croissance physique ce sont donc d'abord les épreuves, que les enfants traversent et surmontent, qui les font grandir psychologiquement et moralement.

---

15 Le terme « grandissement » renvoie ici au sens politique et moral des *Économies de la grandeur* (Boltanski et Thévenot, 1991). Les catégories « grand » et « petit » font partie du vocabulaire marquant ce qu'il est possible, voire nécessaire de faire selon l'âge : « Tu es grand maintenant », dit par exemple son grand-père à Ernest quand il se sépare de lui en lui recommandant de prendre soin de Colette sa petite sœur, pendant l'exode ; « toi t'es trop petite », dit Ernest à Colette pour réserver sa cachette aux seuls enfants de son âge, avant de céder face à son insistance.

16 « Pitcher une voix » renvoie à des techniques d'ingénierie sonore qui permettent de modifier artificiellement la hauteur d'un son : ici, les voix des jeunes doubleurs ont été rendues légèrement plus aigües pendant les premiers épisodes.

C'est justement pour travailler sur l'évolution des personnages au fil des épisodes que Timothée de Fombelle, un auteur bien connu en littérature jeunesse, a été amené, à la demande des producteurs, à intervenir sur le scénario général alors qu'il était encore en gestation. Pour lui « dont le rôle a été uniquement de réfléchir au destin de nos personnages principaux » (productrice), la continuité est également de mise : « Est-ce que c'est ça qui les faisait grandir ou est-ce que c'est parce qu'ils grandissaient qu'ils pouvaient le faire ? Tout ça, c'est un peu l'œuf et la poule ». Guillaume Mautalent qui, avec Sébastien Oursel, a finalisé le scénario et la mise en épisodes, précise néanmoins : « On a aussi un truc particulier, en temps de guerre, les gamins grandissent beaucoup plus vite, ils s'affermissent dans leur choix, dans ce qu'ils sont, bien plus vite que les gamins de maintenant, de la ville en particulier ». Cette évolution, une sorte de « parcours initiatique », est tout particulièrement marquée, souligne-t-il, dans le personnage de Colette qui passe de la « candeur » et de « l'incrédulité » à une « prise de responsabilité, de risques, immense » quand, par exemple, elle assure les liaisons pour organiser le parachutage des alliés.

La capacité des enfants à endurer la violence et les privations de la guerre se double, au fil de l'histoire, de leur entrée en résistance face à l'occupant, d'abord en parallèle puis avec les adultes. Dans ce processus, leurs jeux d'enfants, comme changer l'orientation d'un panneau de signalisation, deviennent progressivement des actes de résistance. Les enfants se transforment ainsi en petits « partisans », non seulement à l'image des grands (partisans), mais aussi par opposition à d'autres adultes qui collaborent avec l'occupant. Loin d'être uniquement représentés comme faibles et vulnérables, à protéger, les enfants à leur tour protègent les grands, à l'image du pilote anglais « tombé du ciel » (scénaristes) qu'ils cachent et soignent dans leur lieu secret au sein de la forêt.

En somme, les professionnels mettent au cœur des GGV des personnages enfants qui se grandissent en lien étroit avec la guerre dont ils deviennent partie prenante. L'innocence des enfants, cet attribut traditionnel de ceux qui ne parlent pas et qui n'ont pas voix au chapitre (Garnier, 1995), s'efface graduellement au profit d'une démonstration de leur puissance d'agir : « Cette perte de l'innocence est quasiment une condition *sine qua non* pour survivre dans ce milieu-là », explique le scénariste Guillaume Mautalent. Comme le souligne à son tour Delphine Maury, le modèle d'enfant délibérément choisi est celui de « *Tom Sawyer* », non pas celui de la « Comtesse de Ségur » : celui d'enfants débrouillards, à l'image aussi d'autres jeunes héros « rebelles », comme ceux que privilégient les bandes dessinées d'Émile Bravo. Celui-ci, à l'instar d'autres interlocuteurs, insiste d'ailleurs sur sa volonté de ne pas infantiliser les enfants, de les « préparer » à la réalité du monde, par les histoires, plutôt que de les en « protéger ». Le contexte historique de la série met directement les personnages à l'épreuve, les confronte à des soucis qui ne sont pas censés être ceux de leur âge : il les met aux prises avec le monde des adultes, tout en mettant essentiellement en exergue les complicités et le soutien de l'entre-enfants.

À l'intersection du genre et du milieu social : un dépassement par la « bande »

Comme le souligne Guillaume Mautalent, la série met en scène un « truc choral » : la pluralité des représentations de l'enfance, au sein du même dessin animé, joue en effet sur plusieurs critères à la fois, à commencer par une distribution des personnages qui croise différences d'âge et de genre. Si la majorité d'entre eux sont des garçons, les deux personnages féminins, Colette et Muguette, figurent des caractères forts. La première paraît d'emblée au centre du feuilleton, plus intrépide que son frère Ernest ; la seconde, l'aînée du groupe d'enfants, va s'imposer dans un rôle de « *leader* » au cours des épisodes successifs. C'est un choix délibéré, explique-t-il :

> L'instance féminine, dans cette série, c'est l'instance décisionnaire, proactive. C'est un choix délibéré et aussi réaliste, historiquement vrai et c'est un choix narratif évidemment porté par Delphine Maury [...] d'une part et d'autre part, moi aussi je suis très sensible à ça. Sur les longs et sur les séries que j'ai écrits, le personnage féminin, pour moi, il faut qu'il ait une réelle importance et sortir des espèces de clivages classiques. En ce moment, c'est à la mode, il y a plein d'articles sur le féminisme en général, la place de la femme dans le cinéma (Guillaume Mautalent).

Ce traitement assumé de la question du genre répond de fait à un intérêt croissant au sein du secteur de l'animation. Ainsi, dans son analyse des contenus de différentes séries animées, Mélanie Lallet (2014) montre bien une évolution récente qui, même si elle reste limitée, va à l'encontre d'une reproduction des stéréotypes de genre, en valorisant des rôles actifs donnés aux personnages féminins. Le milieu professionnel de l'animation lui-même y est de plus en plus sensibilisé, par exemple à travers la création de l'association *Les femmes s'animent* en 2014. Nos interlocuteurs sont donc relativement conscients des déséquilibres relatifs au travail de frontières de genre (Thorne, 1994), à travers les difficultés récurrentes qu'ils rencontrent encore à promouvoir des héroïnes dans des séries dont l'univers est marqué du côté masculin. Mais, pour le réalisateur, Paul Leluc, il fallait aussi éviter qu'Ernest ne disparaisse à l'ombre de sa petite sœur : « en fait il n'y avait que le personnage féminin qui existait, le personnage masculin n'avait pas de consistance, c'était un personnage très effacé ». Outre ces choix narratifs, le dessin des personnages féminins dans les GGV évite aussi les stéréotypes relatifs à l'apparence physique des filles, voire une sexualisation des corps féminins, y compris à travers leur vieillissement au fil des cinq années de guerre.

La représentation d'une enfance plurielle est donc savamment élaborée, passant également par la diversité socioculturelle des personnages. Celle-ci est nettement marquée dans la série, dans la mesure où les différences socioéconomiques entre les familles des enfants sont croisées avec d'autres différences : entre milieux de vie urbains et ruraux (Ernest et Colette *vs.* les enfants Morteau), entre religions (avec l'origine juive de certains enfants intervenant dans l'intrigue), entre métiers (enfants de fermiers *vs.* enfants d'épiciers), etc. Si, côté diffuseur, il y a une « équipe qui gère la diversité » dont une responsable au sein du service jeunesse et qui encourage la mise en avant des personnages en situation de handicap ou issues d'origines ethniques variées, c'est une autre diversité qui est en jeu ici. Souhaités par Delphine Maury, ces contrastes servent autant l'effet de réel (vie d'un village normand dans les années 1940, contexte de guerre et d'occupation, etc.) qu'à faire avancer l'intrigue, dans la cohabitation, voire la résolution partielle de ces différences à travers une « bande » qui réunira les enfants comme nous le montrerons ci-dessous. Mais pour d'autres acteurs, sans nier ces différences, l'enjeu est qu'elles ne soient non plus trop clivantes pour le futur public. Ainsi, l'auteur de la bible graphique a travaillé le dessin des personnages dans une stratégie de neutralisation : « essayer d'être le plus neutre possible mais que ce soit inconsciemment, que ça fonctionne sans tomber dans la caricature, sans tomber dans le cliché ». Du côté de la production, l'intérêt de cette diversité sociale soulève des questions sur le public attendu par ce type de programme :

> Comme nous faisons des trucs un peu *arty*, nous nous demandons toujours si effectivement ça va être perçu par tout le monde ou, je vais dire ça, ce n'est pas bien, mais par les « bobos parisiens ». Donc nous essayons de faire attention à ça. [...] On va dire que nous nous posons la question qu'il faut que nous touchions tout le monde. Et puis par moments, quand on est un peu trop dans une niche, on sait qu'on aura du mal à toucher tout le monde (Productrice).

Conjuguant cette diversité des enfants, les professionnels ont donné une forme spécifique aux relations qui se tissent au fil de l'histoire entre les huit enfants principaux, une « bande », dont la représentation s'inscrit dans un vaste réseau intertextuel (*Cahiers Robinson*, 2011) et dont la fonction est de montrer une unité entre les enfants qui se nourrit des singularités de chacun d'eux. Son nom tout d'abord, *Les Robinsons*, renvoie très directement, via l'œuvre de Defoe, au monde de l'aventure et de l'exploration de la nature[17] où peuvent s'estomper idéalement une partie des différences sociales. Alors que la guerre (entre adultes) éclate, les GGV donnent alors une image des rivalités et des accrochages entre enfants des villes (les deux petits Parisiens) et enfants des champs (les frères Morteau), qui rappelle *La guerre des boutons, roman de ma 12ᵉ année*, de Louis Pergaud (1911), jusqu'à ce que la bande se forme, dans les bois justement, avec son repaire caché et ses activités secrètes, inconnus des adultes. En ces temps de guerre qui défont les liens familiaux la « bande » témoigne de l'importance des relations entre enfants, d'une sociabilité entre pairs. La vraie guerre ne cessera alors de s'inviter dans leurs histoires d'enfants avant qu'elle ne donne son véritable esprit de solidarité à la bande qui, progressivement, entrera à son tour en résistance. Le sérieux de la guerre fait effraction dans le monde des enfants et s'y impose sans pour autant effacer complètement la légèreté et la spontanéité de l'enfance, au regard de ce que se disent (ou ne se disent pas) les enfants, selon leur âge, et de leurs actions, entre jeux et transgressions, en raison du contexte historique particulier.

Plus globalement, la « bande » témoigne enfin d'un parti pris fondamental des professionnels, toujours en lien avec celui de se tenir à « hauteur d'enfant », pour être au plus près de la manière dont les enfants de l'époque ont vécu la Seconde Guerre mondiale et donner un éclairage particulier sur leur rôle et leur position à l'époque :

> On a beaucoup insisté pour que l'écriture se fasse à hauteur d'enfant. Il y a très peu de scènes où les adultes sont seuls actifs…, l'essentiel des trucs se passe du point de vue des enfants, de la façon dont ils voient les choses, dont ils les digèrent, les comprennent (Guillaume Mautalent, scénariste).

---

[17] En première intention, l'idée de Delphine Maury était de redonner aux héros de dessins animés, et indirectement aux enfants, une liberté qu'ils n'ont plus dans le contexte actuel, avant tout en les replaçant au contact de la nature. Si l'idée de mobiliser le passé est arrivée assez rapidement, le choix de la Seconde Guerre mondiale s'est fait peu après, grâce à un ami réalisateur et scénariste, Olivier Vinuesa.

Filtrée par ce qu'en laissent passer les personnages adultes, volontairement ou involontairement, cette vision de la guerre vécue par des enfants montre que des professionnels ont voulu éviter un point de vue surplombant des événements historiques, en n'hésitant pas à les incarner par des enfants. Cela a signifié concrètement le fait de mettre directement les enfants à l'épreuve de la violence de la guerre, en particulier dans les épisodes de l'Exode et de la Libération. Par-là, du point de vue des professionnels, les GGV sont exemplaires d'une liberté rare dans le domaine de l'animation jeunesse, dominé par des représentations d'une enfance vulnérable et un principe de précaution jugé très contraignant (Garnier, à paraître).

Conclusion

Le format spécifique des GGV, série feuilletonnante de dix épisodes et donc relativement difficile à mettre en œuvre dans le contexte actuel de concurrence entre opérateurs télévisuels, nous a conduit à nous intéresser à la construction d'une « piste de programmation ». Loin d'être l'aboutissement du processus de conception, celle-ci a été largement déterminée par des impératifs économiques et temporels : c'est au diffuseur que revient le travail de planifier la diffusion, de prévoir aussi sa circulation, en lien avec le producteur, et de cibler une tranche d'âge particulière. Dans ces conditions, nous avons montré à la fois le caractère préconstruit de ce ciblage à travers l'organisation de France Télévisions (positionnements des chaînes, des cases jeunesses, du service jeunesse, etc.) et ses incertitudes, qu'il s'agisse de critiquer ces segmentations selon l'âge ou de les définir précisément, une fois passé le *preschool*. La conception de cette série, *a fortiori* parce qu'elle met en scène une histoire d'enfants en période de guerre, met en mouvement des représentations de l'enfance, visibles à travers l'accompagnement du projet par France Télévisions, les interactions entre les nombreux acteurs et la présence de l'auteure originale, Delphine Maury, tout au long du processus de conception. La série s'est construite, notamment, en faisant jouer une double logique où « didactique » et « ludique » s'opposent et s'interpénètrent, le contenu pédagogique devant composer avec le souci d'intéresser les enfants. Si les éléments du divertissement ne sont pas absents, bien au contraire, les professionnels ont contribué à raconter une histoire mais aussi *l'histoire* à « hauteur d'enfant », qui peut se prêter à des usages pédagogiques.

Pour cela, les professionnels, chacun avec leur métier propre, mettent aussi en valeur la diversité des personnages enfants qu'ils portent à l'écran, notamment en termes de « caractère », d'âge, de genre, de milieu social. En lien étroit avec leurs manières de penser les enfants, ceux qu'ils voient autour d'eux et/ou ceux dont ils ont des souvenirs ou des témoignages, ils construisent collectivement chacun de ces personnages, cherchant une « subjectivité partagée » (Denis, 2008) avec les spectateurs, même si les formes de diversité se concrétisent différemment dans leur travail respectif. D'où aussi leur attention au grandissement des personnages enfants pendant les cinq années de guerre. Plus qu'une croissance physique, finalement peu visible au fil du feuilleton, il s'agit surtout d'une évolution morale, reposant sur une puissance d'agir des enfants, des prises de risques et des responsabilités face aux épreuves auxquelles ils sont confrontés. Loin de dessiner une enfance immobile, voire immobilisée dans sa petitesse, la série met en scène une enfance qui *se* grandit, une transition qui se réalise de manière accélérée sous les yeux des enfants spectateurs, au fil des dix épisodes. Le travail d'intéressement du jeune public met ainsi en exergue un réalisme de la fiction qui joue sur une « arche qui montait dans la prise de pouvoir des enfants » (Timothée de Fombelle).

En se focalisant à la fois sur les enfants comme cible d'une production télévisuelle, marché à conquérir ou conserver, et comme destinataires, en mettant l'accent sur une « technologie représentationnelle incorporée » (Denis, 2008, p. 179), notre analyse des GGV manque encore à se saisir de la troisième forme de projection du public par les professionnels que Denis distingue des précédentes : celle des usagers effectifs. Il nous aurait fallu investiguer les caractéristiques des audiences réelles de la série dès sa diffusion pour pouvoir remettre en cause la diversité de cette audience visée par les professionnels. Reste que la conception d'une œuvre « *arty* » prédispose à toucher préférentiellement des enfants des classes moyennes et supérieures, tout spécialement ceux des milieux intellectuels et artistiques. Tout un travail d'enrichissement et de patrimonialisation du passé (Boltanski et Esquerre, 2017) est à l'œuvre, ce qui a très rapidement donné à cette série une forte légitimité culturelle et artistique, à distance d'une culture enfantine de masse dont le versant télévisuel reste toutefois largement à investiguer lui aussi.

Bibliographie

Akrich, M. (1993), « Les objets techniques et leurs utilisateurs, de la conception à l'action », in B. Conein, N. Dodier & L. Thévenot (dir.), *Les objets dans l'action : de la maison au laboratoire*, Paris, EHESS, p. 35-57.

Akrich, M. (1995), « User Representations: Practices, Methods and Sociology », in A. Rip, T. J. Misa & J. Schot, *Managing Technology in Society: The Approach of Constructive Technology Assessment*, Londres, Pinter, p. 167-84.

Barrey, S., Cochoy, F. & Dubuisson-Quellier, S. (2000), « Designer, packager et merchandiser : trois professionnels pour une même scène marchande », *Sociologie du travail* 42, n° 3, p. 457-482.

Baton-Hervé, É. (2000), *Les enfants téléspectateurs : programmes, discours, représentations*, Paris, L'Harmattan.

Boltanski, L. & Thévenot, L. (1991), *De la justification : Les économies de la grandeur*, Paris, Gallimard.

Boltanski, L. & Esquerre, A. (2017), *Enrichissement : Une critique de la marchandise*, Paris, Gallimard.

Brougère, G. (dir.) (2008), *La ronde des jeux et des jouets : Harry, Pikachu, Superman et les autres*, Paris, Autrement.

Brougère, G. (2012), « La culture matérielle enfantine entre le *cute* et le *cool* », *Strenæ*, n° 4, http://journals.openedition.org/strenae/776.

Bryant, A. J. (dir.) (2006), *The Children's Television Community*, Mahwah, Routledge.

Buckingham, D. (1993), *Reading Audiences: Young People and the Media*, Manchester, Manchester University Press.

Buckingham, D. (2011), *The Material Child*, Londres, Polity Press.

Cahiers Robinson (2011), « Bandes d'enfants », n° 30.

Caldwell, J. T. (2008), *Production Culture: Industrial Reflexivity and Critical Practice in Film and Television*, Durham, Duke University Press.

Chambat-Houillon, M.-F. & Jost, P. (2003), « Parents-enfants : regards croisés sur les dessins animés », *Informations sociales*, 111, p. 62-71.

Condry, I. (2013), *The Soul of Anime. Collaborative Creativity and Japan's Media Success Story*, Durham, Duke University Press.

CNC (2017), *Le marché de l'animation en 2016*, Paris, Centre national du cinéma et de l'image animée.

Cross, G. (2004), *The Cute and the Cool: Wondrous Innocence and American Children's Culture*, Oxford, Oxford University Press.

Denis, J. (2008), « Projeter le marché dans l'activité. Les saisies du public dans un service de production télévisuelle », *Revue française de socio-économie*, n° 2, p. 161-180.

Dubuisson S. & Hennion A. (1996), *Le design : l'objet dans l'usage : La relation objet-usage-usager dans le design de trois agences*, Paris, Presses des Mines.

Duccini, H. (2013), « Histoire d'une illusion : la télévision scolaire de 1945 à 1985 », *Le Temps des médias* 21, n° 2, p. 122-33.

Fisch, S. M. & Truglior. T. (dir.) (2000), *G Is for Growing: Thirty Years of Research on Children and Sesame Street*, Mahwah, Routledge.

Garnier, P. (1995), *Ce dont les enfants sont capables*, Paris, Métailié.

Garnier, P. (2006), « L'âge : opérations de qualification et principe d'ordre », *Cahiers du CERFEE*, n° 21, p. 41-53.

Garnier, P. (2011), « Produits éducatifs et pratiques familiales à l'âge de la maternelle : l'exemple des cahiers d'activités parascolaires », *Revue internationale de l'éducation familiale*, n° 34, p. 133-149.

Garnier, P. (2012) « La culture matérielle enfantine : catégorisation et performativité des objets », *Strenæ*, n° 4, http://journals.openedition.org/strenae/761.

Garnier, P. (à paraître), « Comment adresser une série animée aux enfants ? Analyse de la conception des *Grandes grandes vacances* », in M. Loïc (dir.), *Cultures médiatiques de l'enfance et de la petite enfance*.

Hendershot, H. (dir.) (2004), *Nickelodeon Nation: The History, Politics, and Economics of America's Only TV Channel for Kids*, New York, New York University Press.

Hennion, A. (2004), « Une sociologie des attachements : D'une sociologie de la culture à une pragmatique de l'amateur », *Sociétés*, n° 3, p. 9-24.

Hesmondhalgh, D. (2013), *The Cultural Industries*, Londres, SAGE.

James, A., Jenks, C. & Prout, A. (1998), *Theorizing Childhood*, Cambridge, Polity Press.

Jouët, J. & Pasquier, D. (1999), « Les jeunes et la culture de l'écran. Enquête nationale auprès des 6-17 ans », *Réseaux* 17, n° 92, p. 25-102.

La Ville, V.-I. de & Durup, L. (2008), « Managing the Stakes of Inter-Textuality in Digital Cultures », in R. Willett, M. Robinson & J. Marsh (dir.), *Play Creativity and Digital Cultures*, Londres, Routledge, p. 36-53.

La Ville, V.-I. de (2017), « Le rôle des licences dans la structuration du système d'objets de l'enfance », in G. Brougère & A. Dauphragne, *Les biens de l'enfant. Du monde marchand à l'espace familial*, Paris, Nouveau Monde éditions, p. 131-156.

Kinder, M. (dir.) (1999), *Kid's Media Culture*. Durham, Duke University Press.

Kline, S. (1993), *Out of the Garden: Toys, TV, and Children's Culture in the Age of Marketing*, Londres, Verso.

Lallet, M. (2014), *Il était une fois… le genre : Le féminin dans les séries animées françaises*, Bry-sur-Marne, INA Éditions.

Lemish, D. (2010), *Screening Gender on Children's Television: The Views of Producers around the World*, Londres, Routledge.

Marsh, J. & Bishop, J. (2014), *Changing Play: Play, Media and Commercial Culture from the 1950s to the Present Day*, Maidenhead, Open University Press.

Mayer, V., Banks, M.J, & Caldwell, J.T. (dir.) (2009), *Production Studies: Cultural Studies of Media Industries*, New York, Routledge.

Mead, G. (1963), *L'esprit, le soi et la société*, Paris, Presses Universitaires de France.

Médiamétrie (2014), « Le marché TV de la jeunesse : entre bouleversements et créativité », communiqué de presse, 17 septembre 2014.

Médiamétrie (2016), « Consommation de programmes jeunesse : un équilibre en recomposition », communiqué de presse, 22 mars 2017.

Morrow, R. (2008), *Sesame Street and the Reform of Children's Television*, Baltimore, Johns Hopkins University Press.

Neveu, É. (1990), « Télévision pour enfants : état des lieux », *Communications* 51(1), p. 111-130.

Neveu, É. (1999), « Pour en finir avec l'"enfantisme" : retours sur enquêtes », *Réseaux* 17 (92), p. 175-201.

Noesser, C. (2016), *L'irrésistible ascension du cinéma d'animation : socio-genèse d'un cinéma-bis en France (1950-2010)*, Paris, L'Harmattan.

Octobre, S., Détrez, C., Mercklé, P. & Berthomier, N. (2010), *L'enfance des loisirs : Trajectoires communes et parcours individuels de la fin de l'enfance à la grande adolescence*, Paris, La Documentation française.

Perlmutter, D. (2014), *America Toons: A History of Television Animation*, Jefferson, McFarland.

Pilling, J. (dir.) (1998), *A Reader in Animation Studies*, Londres, John Libbey Publishing.

Poels, G. (2013), « De Televisius à Gulli : l'invention des enfants de la télé (1949-2005) », *Le temps des médias*, 21, p. 104-120.

Sinigaglia-Amadio, S. & Sinigaglia, J. (2015), « Tempo de la vie d'artiste : genre et concurrence des temps professionnels et domestiques », *Cahiers du Genre*, n° 59, p. 195-215.

Stabile, C. A. & Harrison, M. (dir.) (2003), *Prime Time Animation: Television Animation and American Culture*, Londres/New York, Routledge.

Steemers, J. (2010), *Creating preschool television: A story of commerce, creativity and curriculum*, Basingstoke, Palgrave Macmillan.

Thorne, B. (1993), *Gender Play: Girls and Boys in Schools*, New Brunswick, Rutgers University Press.

Wells, P. (2002), *Animation: Genre and Authorship*, Londres, Wallflower Press.

Wells, P. (2010 [1998]), *Les fondamentaux de l'animation*, Paris, Pyramyd.

Zafirau, S. (2009), « Audience Knowledge and the Everyday Lives of Cultural Producers in Hollywood », in V. Mayer, M.J. Banks & J. Caldwell (dir.), *Production Studies: Cultural Studies of Media Industries*, New York, Routledge, p. 190-202.

La mobilisation de l'enfant dans le *media mix Yo-Kai Watch*[1]

Marc STEINBERG

Mel Hoppenheim School of Cinema, Concordia University

Au cours des premiers mois de l'année 2014, une fièvre étrange s'est emparée du Japon. Enfants, parents, grands-parents, tous se sont lancés dans la quête de produits issus d'une nouvelle franchise de *media mix*, *Yo-Kai Watch*, qui avait soudainement envahi le pays. Ils ratissaient les rayons des grands magasins et enseignes de jouets à la recherche de montres, médaillons et autres articles de cette nouvelle franchise soudain présente sur tous les fronts, dont les produits étaient aussi fugitifs et difficiles à dénicher que les *yokai*, les « fantômes » du jeu et du dessin animé sur lesquels reposait la franchise. Partout, des pancartes de rupture de stock ; il y avait pénurie de produits Yo-kai. Dans le contexte du tournant récent pris par les *media studies* sur la dimension logistique – où les chaînes logistiques sont souvent dépeintes comme tour à tour toutes-puissantes ou d'une fragilité extrême (LeCavalier, 2016 ; McCarthy, 2001) –, on peut dire que la gestion de celle de *Yo-kai Watch* a été un échec, mais que ce dernier n'a fait qu'attiser un peu plus le désir des enfants pour les produits de ce *media mix*. L'autre explication populaire à l'époque a été que cette sous-production était en réalité délibérée, et la rareté des produits artificielle. Autre explication, tout aussi intéressante : Bandai, le fabricant de jeux, n'a simplement pas anticipé l'engouement soudain pour cette série et n'a pas augmenté suffisamment la production.

Peu importe la raison de cette rareté, ce qui me semble fascinant ici est la mobilisation totale et soudaine du Japon autour de ce *media mix* particulier, qui s'est poursuivie en 2015 pour commencer à s'essouffler en 2016. En lien avec les questionnements sur l'image de l'enfant que se font les producteurs et concepteurs de biens médiatiques et de médias destinés aux

[1] Texte traduit de l'anglais par Claire Reach. Les recherches nécessaires pour ce chapitre ont été financées par le Social Sciences and Humanities Research Council au Canada.

enfants – l'objet de cet ouvrage –, il me paraît opportun d'examiner le rôle de l'animation au sein de la culture de la consommation enfantine en tant qu'outil de mobilisation totale en faveur de la consommation. Dans cette optique, je me penche sur certains écrits controversés de l'un des précurseurs des *media mixes*, Kadokawa Haruki, qui inscrivait la mobilisation totale comme l'un des éléments de sa stratégie transmédiatique.

Avant tout, il convient d'examiner brièvement l'épisode 1 du dessin animé pour la télévision *Yo-Kai Watch*, qui présente aux téléspectateurs la logique de ce *media mix*, et la mécanique du *gameplay* du jeu pour Nintendo DS paru en juillet 2013. L'épisode 1 de *Yo-kai Watch* offre un guide pour l'univers du *media mix Yo-kai* ; on pourrait d'ailleurs le visionner comme une vidéo de tutoriel pour l'univers du jeu. Le monde des *yokai*, ou fantômes japonais, nous y est présenté. On y apprend que pour voir les *yokai*, nous devons utiliser la « Yo-kai Watch » spécialement conçue à cette fin et dotée d'un viseur permettant de les rendre visibles. On nous dit que les *yokai* sont désignés par les « médaillons » que l'on peut obtenir dans le jeu grâce à la rencontre avec ces créatures. On nous apprend également que l'on peut rencontrer et acheter des *yokai* grâce au distributeur de capsules (*gatcha gatcha*) – une sorte de distributeur à pièces utilisé principalement pour les boules de gomme en Amérique du Nord, mais qui peut contenir toutes sortes de marchandises au Japon, en principe en lien avec un programme télévisé pour les enfants. À la différence d'autres distributeurs vendant des produits sans grande valeur, les distributeurs dans le monde du jeu et le monde réel distribuent des médaillons *Yokai* qui constituent une porte d'accès vers le jeu ou peuvent procurer au joueur des *yokai* rares. C'est le cas de Whisper, comparse du personnage principal du jeu, de l'*anime* et du manga, qui nous guide par la même occasion dans le monde de *Yo-kai Watch*. Dans le monde réel, le distributeur fonctionne comme le pendant physique de l'item supplémentaire des jeux *freemium*[2], à ceci près qu'il s'inscrit ici dans la vie sociale des joueurs de *Yo-kai Watch* – typiquement des garçons en école élémentaire, même si les jeux ont aussi séduit des filles (plus loin dans ce chapitre, je ferai le parallèle avec les jeux d'argent). L'épisode 1 de *Yo-kai Watch* fait écho, par sa forme et sa fonction, aux séquences explicatives présentes dans le jeu pour Nintendo 3DS, point de départ de la franchise : une longue cinématique, dans un contexte de jeu, fait avancer le récit et

[2] Les jeux dits *freemium* sont des applications gratuites qui ne permettent pas l'accès à toutes les fonctionnalités ou items, lesquels supposent des achats complémentaires.

offre ici une vue d'ensemble qui explique le fonctionnement de la série. Malgré des différences notables dans le rendu et le style de l'animation, les deux séquences présentent une symétrie tant par leur forme que par leur dénouement. Dans son analyse de 2014 du phénomène Yo-kai, le critique Fuwa Raizō (2014) souligne cette dimension de tutoriel conférée au dessin animé : « Le dessin animé télévisé est lui-même imprégné par la philosophie du jeu [vidéo], et surtout fonctionne d'une certaine façon comme un tutoriel simplissime du jeu[3] ». En ce sens, le dessin animé *Yo-kai Watch* s'inscrit dans la lignée de séries comme *Yu-gi-oh !*, où l'*anime* expose les règles du jeu de cartes ; comme Gilles Brougère (2003, p. 375) l'observe, « règles du jeu et fiction ne sont plus dissociables ».

Les spécialistes de la culture enfantine ont depuis longtemps remarqué que lorsque des dessins animés reposent sur des jouets ou d'autres franchises, ils ont tendance à faire office de publicité de trente minutes pour le produit. Dans un article de 1964, le critique japonais du marketing Yamakawa Hiroji (1964, p. 53) s'interrogeait sur les relations complexes entre *anime* et produit, s'amusant du fait que « dessin animé et publicité sont maintenant devenus une seule entité. Ne pourrait-on pas dire que les 30 minutes de *Tetsuwan Atomu [Astro Boy]* sont une longue publicité pour les bonbons Atomu ? ». L'idée selon laquelle le dessin animé lui-même est devenu une publicité a également été avancée par des analystes nord-américains de la culture enfantine comme Stephen Kline (1993) et Ellen Seiter (1995), et transparaît même dans des livres sur l'industrie tels que *Children's Television* (1987) de Cynthia Schneider. Ces débats semblent s'inscrire dans le sillage de la dérégulation de l'ère Reagan de l'industrie de la télévision dans les années 1980 aux États-Unis, où Musclor, She-Ra, etc., étaient connus pour être des « dessins animés basés sur des jouets » ou des « publicités au format de programmes ».

L'*anime Yo-kai Watch* peut être considéré comme une publicité pour le *media mix* dont il est issu. On peut aussi l'appréhender comme une vidéo de démonstration présentant à l'utilisateur enfant la configuration du *media mix* Yo-kai, ou un tutoriel à la fois du jeu et de son univers de *media mix*. Cela étant, on pourrait aussi l'aborder comme une forme de ligne de commande qui, lorsqu'on l'exécute, met en action ou mobilise une forme particulière de consommation. C'est à travers cette dernière interprétation du dessin animé, vu comme une incitation à la mobilisation

---

3 Ce passage comme l'ensemble des citations d'ouvrages japonais sont traduits du japonais par l'auteur.

en faveur de ce *media mix* particulier, que l'on analysera dans ce chapitre les opérations liées à la série d'animation *Yo-kai Watch*, en particulier dans la mesure où elle met en relation les principaux éléments du *media mix*. L'idée que je défends est que les créateurs et distributeurs de la culture enfantine opèrent au sein d'un paradigme déterministe, où l'enfant peut être mobilisé en vue de la consommation. En adoptant cette perspective, je m'éloigne des formulations nuancées et prudentes sur les institutions de franchises médiatiques que nous proposent Derek Johnson (2013) et Avi Santo (2015).

Je me tournerai plutôt vers le paradigme de la mobilisation totale, tel qu'on l'entend en temps de guerre. L'approche du *media mix* en ces termes induira inévitablement une conception déterministe du cycle de découverte et de consommation des médias, en partant de l'idée d'un modèle de consommation relativement mécanique. La réalité est bien entendu plus complexe, et cette approche du pouvoir totalisant de l'*anime* peut aboutir à un modèle de pouvoir qui exagère son efficacité réelle et sous-estime la vraie nature contingente du phénomène *Yo-kai Watch*. En effet, comme on le voit dans la rupture de stock des chaînes d'approvisionnement et l'incapacité à fournir suffisamment pour satisfaire la demande, même ses créateurs n'avaient pas anticipé la mobilisation qui a véritablement eu lieu autour de la franchise.

Pourtant, il me semble pertinent de raviver le concept de mobilisation totale autour du phénomène *Yo-kai Watch* – ne serait-ce qu'en tant qu'étude de cas limite pour penser un processus incontestablement plus nuancé – afin de mettre au jour les aspects plus déterministes du *media mix*, qui se perdent dans les lectures plus fines de l'implication des fans ou de la gestion de franchises. En effet, je défends l'idée que les créateurs du *media mixes* eux-mêmes ont une conception plutôt mécanique de l'enfant et de ses pratiques de consommation, du moins c'est ce que l'on peut conclure des *media mixes* qu'ils créent. Prenant en compte le rôle extensif de l'image animée, ce chapitre propose de repenser ce que Thomas Lamarre (2009) a nommé la *force* de l'image animée – ici, en considérant cette circulation élargie et cette force de façon littérale et bien plus déterministe. La force d'expansion, de propulsion et d'impulsion de l'image animée est au cœur de ce chapitre, où l'on s'efforce de réfléchir, non pas tant à la logique de la circulation qu'à la *logistique de la circulation*, aux manières et méthodes pour faire circuler, mettre en mouvement. Dans le cas présent, non seulement les objets circulent – conformément aux principes de la gestion logistique des biens (Cowen, 2014) –, mais les individus se déplacent eux aussi. On s'écarte, à certains égards, de la lecture attentive du « champ distributif » proposée par Thomas Lamarre (2009), de ma propre insistance sur l'importance de la différence matérielle et les multiples types de mobilité des médias (Steinberg, 2012), ou de l'analyse nuancée du regard proposée par Kathryn Hemmann (2015). Je mets pour ma part l'accent sur une sorte de modèle spéculatif d'impulsion ou de mobilisation, qui se dégagera de mon analyse de *Yo-kai Watch* et des stratégies mises en œuvre dans son déploiement. La mobilisation totale est le modèle à la fois épistémique et d'analyse critique à l'œuvre derrière le développement et le marketing de *Yo-kai Watch* par ses producteurs et distributeurs.

Mobilisation totale et *media mix*

Notre proposition d'aborder le *media mix* dans le cadre de la logique de la mobilisation totale est issue du réexamen d'une précédente provocation de Kadokama Haruki, qui avait développé une stratégie de *media mix* autour de la vente de livres, de films et de bandes originales au milieu des années 1970. Depuis les années 1950 au moins, des stratégies informelles de *media mixes* étaient utilisées, pour justifier la présence de chanteuses dans certains films, avant que l'*anime* pour enfants ne fonde le *media mix* en bonne et due forme. Kadokama Haruki a structuré ces stratégies pour en faire une machine bien huilée, gérée par une seule société, Kadokawa Books (*Kadokawa Shoten*). Haruki a repris la direction de Kadokawa Books en 1975 et lui a aussitôt adossé un studio de cinéma. Par le biais du Kadokawa Haruki Office, il a recruté de célèbres actrices qui n'apparaîtraient que dans ses films. Il a lancé des magazines de cinéma pour faire la promotion de ses longs-métrages, qu'il produisait d'ailleurs souvent lui-même. Et, plus important encore, il a construit ses films sur des livres ou séries de livres publiés par Kadokawa Books. Enfin, il a mis en vente les bandes originales des films – ce qui l'a amené à sa stratégie de la « Sainte Trinité », pour reprendre le nom qu'il lui a donné, consistant à créer un lien synergique entre livres, films et bandes originales (Steinberg, 2012, 2015 ; Ōtsuka, 2014 ; Zahlten, 2017).

Kadokawa Haruki est connu pour ses provocations. L'une d'elles, qu'il a proférée en de multiples occasions, a consisté à affirmer que ce sont Hitler et son *Mein Kampf* qui lui ont inspiré l'élaboration de sa stratégie transmédiatique. Non sans une pointe de provocation, il « interprète » l'utilisation par Hitler des uniformes, de la musique, de la poésie de Rilke et de la pensée de Nietzsche comme des éléments d'une stratégie médiatique plus vaste, essentielle à la mobilisation totale (Kadokawa, 1977, p. 80-81 ; Sakaguchi, 1982, p. 205). *Mein Kampf*, prétend-il dans un article, est son « guide ultime », avant de le réaffirmer dans son autobiographie intitulée « *Wa ga tōsō* » ou « Mon combat », traduction japonaise du titre de l'ouvrage d'Hitler auquel il fait référence. Je me permets de citer cet article de 1977 :

> L'essence du nazisme d'Hitler est la transposition du nationalisme en une esthétique. C'est en cela que la technique de ce salaud nous paraît brillante. Pour cela, il mobilise tout, de l'habillement militaire à la pensée de Nietzsche ou encore la poésie de Rilke ou la musique de Wagner. Tout cela peut se résumer à des mots, des images et des sons. En bref, par le biais de la *mobilisation totale* et habile de ces éléments, il a intoxiqué les masses en transformant le thème du nationalisme en une esthétique.
>
> Lorsque j'utilise la stratégie consistant à vendre des livres, des films et de la musique, je reprends fondamentalement la même technique. Pour commencer, il faut connaître son thème sur le bout des doigts. Ensuite, on utilise librement la musique, les textes et les images comme ses instruments. En cela, *Mein Kampf* est mon guide ultime (Kadokawa, 1977, p. 80-81, c'est moi qui souligne).

Dans la mesure où *Mein Kampf* n'offre aucune discussion sur la technique plurimédiatique dont Hitler serait soi-disant le précurseur, on peut se demander à quel point Kadokawa a pu s'y référer pour élaborer son *media mix*. L'inspiration la plus proche pour le *media mix* était sans doute l'association roman/blockbuster comme aux États-Unis dans les années 1970 – à l'image de *Love Story*, dont Kadokawa a négocié les droits de traduction en japonais, l'un de ses premiers grands succès transmédiatiques[4] (Higuchi, 2004, p. 211). Néanmoins, je souhaite tout de même aborder le phénomène à travers les déclarations, à première vue osées, de cette célèbre figure, précisément parce que Kadokawa pointe du doigt quelque chose ; il semble y avoir dans le *media mix* une force à l'œuvre, dont le résultat final n'est pas éloigné de la mobilisation totale. Mais nous devons compléter les remarques de Kadokawa en notant que cet aboutissement de mobilisation totale au sein d'un *media mix* est celle du corps social en direction de la *consommation participative* du *media mix* concerné. Au sein des *media mixes* réussis ciblant à la fois les enfants et les adultes, on peut observer la mobilisation totale des mots, des sons

[4] Cette stratégie consistant à combiner un roman et un film était alors en plein essor aux États-Unis. Sur ce phénomène, ainsi que sur l'importance de *Love Story* pour Hollywood, voir Wyatt (1994).

et des images qui culmine dans une *mobilisation sociale totale* au service de la consommation d'une gamme particulière de produits.

Le concept de mobilisation totale a été développé dans le sillage de la Première Guerre mondiale. On doit son développement à Ernst Jünger, une figure de droite de l'Allemagne des années 1920 et 1930, qui a eu une influence considérable sur des penseurs comme Martin Heidegger. D'une part, la mobilisation totale pour Jünger est exactement ce que son nom indique : l'idée que le peuple et les ressources d'une nation doivent être mobilisés pour l'effort de guerre. D'autre part, Jünger propose d'associer la nation à une conception renouvelée du travail, où toutes les formes de travail concourent à l'effort de guerre. Comme le souligne Anthony Kaes (1993, p. 113), aux yeux de Jünger, la guerre ne se limitait pas à un combat armé, c'était un « gigantesque processus de travail ». Dans *Mobilisation totale*, Jünger écrit :

> À côté des armées qui s'affrontent sur le champ de bataille, des armées d'un genre nouveau surgissent : l'armée chargée des communications, celle qui a la responsabilité du ravitaillement, celle qui prend en charge l'industrie de l'équipement – l'armée du travail en général. Dans la phase terminale de l'évolution dont nous venons de parler, et qui déjà correspond à la fin de la Première Guerre mondiale, il n'y a plus aucune activité – fût-ce celle d'une employée domestique travaillant à sa machine à coudre – qui ne soit une production destinée, à tout le moins indirectement, à l'économie de guerre. L'exploitation totale de toute l'énergie potentielle dont on voit un exemple dans ces ateliers de Vulcain construits par les États industriels en guerre, révèle sans doute de la façon la plus significative qu'on se trouve à l'aube de l'ère du Travailleur (Jünger, 1990, p. 107).

Dans sa reconceptualisation de la guerre comme processus de travail massif, Jünger sème aussi les graines pour étendre la conception de la mobilisation totale au-delà du domaine de la guerre.

Plus précisément, il y a quatre façons d'appréhender ce phénomène à une échelle plus vaste. Pour ne pas être trop long, je les passerai rapidement en revue. Premièrement, si l'on se réfère aux travaux d'historiens japonais, on peut considérer la période de la reprise économique dans le Japon d'après-guerre, connue comme le miracle économique, comme une continuation de la mobilisation totale, cette fois tournée vers l'économie. En d'autres termes, la mobilisation en temps de guerre n'a jamais vraiment pris fin ; elle s'est plutôt poursuivie sous la forme d'une mobilisation sociale destinée à retrouver une croissance économique au sein de ce qui a essentiellement été un capitalisme d'État, de la fin des années 1940 aux années 1980. Deuxièmement, en partant du déplacement opéré par le mouvement autonome marxiste, pour passer du concept de travail à l'usine à celui d'usine sociale, comme l'appellent Antonio Negri (2005) et d'autres, on peut envisager l'ensemble de ces activités destinées à la productivité du capital comme étant une forme de mobilisation totale en faveur du capital. Troisièmement, nous pouvons rappeler que les théories autonomistes de l'usine sociale ont été adaptées afin de considérer la consommation elle-même comme un lieu de production, de coproduction, de « prosommation » ou de *playbour* (jeu-travail) actif (Dyer-Witheford et de Peuter, 2009). Quatrièmement, si le développement conceptuel proposé par Jünger de la mobilisation totale consiste bien aussi en l'esthétisation de la guerre (comme Walter Benjamin l'a justement perçu), on pourrait avancer que la présence de quelque chose de l'ordre de la mobilisation totale en faveur de la consommation est le prolongement de la mobilisation en temps de guerre dans le domaine de la culture (ou de l'esthétique). Au vu de ces quatre interprétations, mon idée est que la mobilisation des enfants et de leurs financeurs (c'est-à-dire les parents, grands-parents) dans le but de consommer des produits est en soi une forme de *mobilisation sociale totale* à une époque où l'on connaît un déclin des taux de natalité, une récession économique prolongée et l'informatisation de l'économie au Japon ; une époque où la consommation semble avoir délogé la production de sa place de moteur de l'économie. La mobilisation sociale en faveur de la consommation de *media mixes* remplacerait la production sociale à destination de l'effort de guerre du modèle de Jünger.

Cet estompement des frontières entre consommation et production est devenu un refrain familier. Par exemple, Yann Moulier Boutang remarque, dans *Le capitalisme cognitif* (2007, p. 87-88) :

> Du côté de la demande, la consommation est aussi orientée vers la technique, et notamment vers les techniques de l'esprit, c'est-à-dire celles qui mettent en jeu les facultés mentales via l'interaction avec les nouveaux objets techniques : l'audiovisuel, les ordinateurs, l'Internet, les consoles de jeu.

Il ajoute plus loin :

> Le développement des jeux électroniques (devenus l'une des premières industries du monde) est à l'attention ce que la couture fut au développement de la dextérité des ouvrières assemblant des transistors dans les années 1950-1980 (Moulier Boutang, 2007, p. 107).

Cette suggestion concorde avec les arguments avancés par Lamarre (2006, 2009) à propos de la culture visuelle de l'*anime* qui correspond au régime de vision et d'attention requis par le capitalisme de l'information (ou capitalisme cognitif). Ce n'est pas simplement que les activités de « loisir » sont formatrices pour le travail ; en réalité, ces activités de loisir sont structurellement parallèles à la production. En effet, Lamarre comme Moulier Boutang développe l'idée d'une relation, à notre époque, entre consommation et production.

C'est dans cette perspective de la mobilisation sociale totale tournée vers la consommation au sein d'un *media mix* particulier que je veux mener la discussion qui suit. Cette approche est tout à fait différente de celle de Mizuko Ito, qui pour la première fois a lié les termes de *media mix* et de mobilisation dans son article « Mobilizing the Imagination in Everyday Play: The Case of Japanese Media Mixes ». Examinant la période qu'elle nomme l'ère des « *media mixes* post-Pokémon », elle propose de dépasser la « dichotomisation entre production et consommation des médias ou entre formes médiatiques actives et passives » (Ito, 2008, p. 81). À la lumière de ces *media mixes* post-Pokémon, l'idée même de consommation – ou de ce qu'elle préfère appeler participation – est considérée comme active et engagée. La mobilisation est aux yeux d'Ito une activation, un élan vers des formes socialisées de consommation ou de participation. Elle écrit : « Mon argument central est que ces tendances définissent une nouvelle écologie médiatique axée sur une mobilisation plus militante de l'imagination dans la vie quotidienne des jeunes » (Ito, 2008, p. 79-80). La nature socialisée du jeu et la « mobilisation militante de l'imagination » (Ito, 2008, p. 95) impliquent une valence positive ici – c'est-à-dire la socialisation de la consommation que défend Ito contre ceux qui accusent le contenu de tel ou tel *media mix* d'être générique ou dépourvu d'originalité.

Dans ce qui suit, la mobilisation ne renvoie pas à l'activation de l'imagination ; j'utilise plutôt le terme en référence à une méthode ou pratique visant à mettre en mouvement, à « animer » ou à amener une population vers un objectif particulier. Pour être clair, je rejoins totalement Ito lorsqu'elle affirme que la forme de l'engagement qui se manifeste avec *Yo-Kai Watch* est celle d'une consommation active. Ceci dit, la mobilisation, ici, est autant liée au corps et aux désirs qu'à l'imagination ; il s'agit moins d'une invitation que d'un impératif ancré dans certains types de mécanismes. Les distributeurs et les créateurs de contenus voient dans l'enfant consommateur et ses parents une population mobilisable. L'image de l'enfant, dans le cas présent, est celle d'un individu qui peut être attiré vers le jeu ou l'animation, puis mobilisé pour se rendre en magasin acheter des produits.

Cette analyse reprend partiellement mon ouvrage antérieur (Steinberg, 2012) où j'analysais l'*anime* comme un système de consommation fondé sur la circulation d'images et de biens ; mais elle s'inspire également des écrits plus récents d'Otsuka Eiji sur l'« optimisation » du *media mix*, qui relie la fusion de Kadokawa avec l'entreprise technologique Dwango aux questionnements sur l'optimisation (au sens technologique mais aussi social du terme) du *media mix*. Otsuka (2014, p. 14-38) entraîne le phénomène sur le terrain de l'ingénierie, suggérant que les *media mixes* de différentes ampleurs opèrent dans des conditions où ils sont de plus en plus contrôlés et optimisés, à la manière des algorithmes des moteurs de recherche. Dans ce qui suit, je rapprocherai la redéfinition proposée par Otsuka du *media mix* en termes d'optimisation de la consommation, et de la thèse selon laquelle le *media mix* fonctionne comme une mobilisation totale, en me focalisant sur le phénomène récent de *Yo-kai Watch*.

L'histoire de *Yo-Kai Watch*

Le *media mix Yo-Kai Watch* est un *reboot*[5] et une reconstitution implicite de la série *Pokémon*, agrémentés de quelques éléments supplémentaires mais essentiels. En raison de son équipe de production semblable et de son lancement qui a suivi étroitement le modèle *Pokémon*, on pourrait faire le parallèle sur le plan format télévisé, à ceci près qu'il s'agit ici d'un format de *media mix* (Moran et Malbon, 2006 ; Lamarre, 2015). *Pokémon* était initialement un jeu vidéo pour la Game Boy, la console portable de Nintendo. Il a été développé par Game Freak mais publié par Nintendo, et disponible exclusivement pour les appareils Nintendo. C'est un RPG[6] dans un monde fantastique où le joueur attrape et fait évoluer diverses créatures Pokémon. « Attrapez-les tous ! » est le fameux slogan, qui résume en quelques mots la logique du jeu : attraper autant de Pokémon que possible, les faire évoluer et ainsi progresser dans les niveaux et les régions du monde. Le jeu présentait, entre autres, deux innovations : le lancement de variantes du jeu de couleurs différentes, soit simultanément, soit les unes à la suite des autres, de façon assez

---

5 Un *reboot* est une nouvelle version d'une franchise qui « repart à zéro », c'est-à-dire en ne tenant peu ou pas compte des précédentes versions.

6 Pour *Role Playing Game* ou jeu de rôle en français.

rapprochée – Rouge et Vert, par exemple –, et la nécessité pour le joueur de communiquer et échanger en utilisant un câble de liaison, jusqu'alors assez peu exploité. La communication et l'échange étaient essentiels pour compléter sa collection. Les premiers jeux (*Pokémon Rouge et Vert*) ont été lancés en février 1996, mais l'une des raisons de leur popularité a été la sérialisation du manga, publié dans *Corocoro Comic* (Nogami, 2015, p. 208-209). Deux mois après le lancement du jeu, une série a débuté sous la forme d'une bande dessinée dans un magazine dérivé de *Corocoro Comic* et publié à un rythme irrégulier, avant de basculer dans le magazine principal à partir de septembre 1996. *Corocoro Comic* est un élément incontournable de la culture enfantine, en particulier chez les enfants japonais autour de 4 à 10 ans. C'est l'un des magazines en circulation les plus riches en informations (comme en témoigne sa couverture). Pour cette raison, il demeure plus qu'un simple support de sérialisation des mangas ; il fonctionne comme un magazine promotionnel de premier plan, car il est souvent au centre des *media mixes* destinés aux jeunes garçons. La sérialisation de *Pokémon* dans *Corocoro* a favorisé sa popularité ; enfin, l'*anime*, lancé en avril 1997, a accru cette dernière encore davantage. La série *Pokémon* se distinguait des *media mixes* antérieurs en ce qu'il séduisait autant les filles que les garçons. De plus, comme le développe Anne Allison (2006) dans son travail sur *Pokémon*, le jeu nécessitait des connaissances littéralement encyclopédiques, à tel point qu'aucun joueur digne de ce nom ne pouvait se passer de l'encyclopédie Pokémon.

Yo-kai Watch reprend de nombreux aspects du *media mix* Pokémon. Il repose sur la collection de créatures au sujet desquelles le joueur doit posséder d'importantes connaissances (il s'agit cette fois-ci des esprits *yokai* et non des créatures imaginaires Pokémon, mais la dimension de collection, elle, demeure). Le jeu, développé par le studio et éditeur Level-5, nécessite que les joueurs communiquent entre eux pour compléter leurs collections de *yokai* et est conçu exclusivement pour la console de jeu portable 3DS de Nintendo[7]. Si le premier jeu est paru seul en juillet 2013, les sorties ultérieures ont repris le modèle de *Pokémon* qui consistait à proposer plusieurs versions d'un jeu donné, souvent simultanément. La version nord-américaine du premier jeu a été lancée en novembre 2015 ; la version française, en avril 2016, avec des déploiements simultanés du dessin animé dans les deux cas. Pour en revenir au contexte japonais, *Yo-Kai Watch* a aussi connu une sérialisation dans *Corocoro Comic*, mais

[7] Pour une description de Level-5, consulter Consalvo (2016 : 170-178).

elle a cette fois débuté sept mois après la sortie du jeu, dans le numéro de janvier 2013, paru mi-décembre[8]. Un manga destiné aux filles a débuté sa sérialisation dans le mensuel pour filles *Chao*, publié parallèlement à *Corocoro Comic* par le même éditeur à partir de février 2014. L'une des sociétés de production d'animation majeures pour *Pokémon*, OLM, a produit l'*anime Yo-Kai Watch*. Le jeu et les médias qui l'entourent reposent sur l'idée que les *yokai* sont la source de tous les conflits qui perturbent la vie quotidienne. Pour les résoudre, il faut trouver et apaiser les *yokai*. Une fois ceux-ci calmés, ils deviennent des amis – un succès concrétisé par l'obtention d'un médaillon à l'image de chaque *yokai*. Pour apaiser un *yokai*, le personnage doit d'abord le trouver en consultant sa montre Yo-kai. Celle-ci est littéralement au centre de la série, c'est le dispositif le plus important et l'une des clés de sa sérialisation. Si, comme dans *Pokémon*, le joueur doit tous les collectionner, c'est par l'intermédiaire du dispositif narratif (et, en fin de compte, de l'objet physique) de la montre que cette collecte peut se faire.

Le jeu a connu des ventes moyennes mais régulières à partir de sa première sortie au Japon ; elles ont vraiment grimpé en flèche à partir de la diffusion de l'*anime*, qui a débuté le 8 janvier 2014, ainsi qu'à la suite du lancement de la montre physique DX Yo-kai Watch et de ses médaillons le 11 janvier (soit trois jours après le début de la diffusion de l'*anime*), qui étaient impatiemment attendus. Dans le mois qui a suivi leur lancement, 3 millions de médaillons ont été vendus, si bien qu'ils se sont retrouvés en rupture de stock définitive dans le pays. Les commentateurs s'accordent pour dire que c'est avec le lancement de l'*anime* et de la montre physique et ses médaillons que *Yo-Kai Watch* a commencé à être un phénomène social (Fuwa, 2014). La montre est, d'ailleurs, ce que Bryan Hartzheim appelle un « produit portail » :

> Les produits portails sont des produits incorporés d'un point de vue narratif et visuel à la structure du programme. Ils y servent un processus dynamique et transformatif en délivrant des expériences médiatiques hautement interactives qui activent l'imagination de l'utilisateur dans la construction extratextuelle de l'histoire… Les produits portails deviennent des outils de connexion qui circulent entre les personnages et les spectateurs : ils placent ces derniers dans le monde du personnage et lui montrent comment ils peuvent s'y intégrer (Hartzheim, 2016, p. 1076).

[8] Entrée (en japonais) de l'encyclopédie en ligne Wikipédia pour *Yo-kai Watch*.

La montre est un portail permettant d'accéder au monde des *yokai* dans la diégèse du jeu et de l'*anime* ; il est aussi le lien entre l'univers du récit et l'univers physique de l'enfant. Les médaillons constituent le tissu conjonctif qui soutient ce lien. Fin 2014, plus de 150 millions de médaillons avaient été vendus – ce qui revient à une moyenne d'environ neuf médaillons par enfant de moins de 14 ans au Japon.

Des pénuries des divers produits *Yo-kai* se sont succédé tout au long de l'année. Une boutique éphémère dédiée aux objets des personnages de *Yo-kai Watch* et gérée par les fabricants de jouets Namco et Bandai, qui devait ouvrir dans la gare de Tokyo pendant deux mois, a dû fermer à peine deux jours après son ouverture en mars 2014, car tous les articles avaient été vendus (Fushimachi 2014). Tandis que trois semaines après la sortie du jeu original, 100 000 copies avaient été vendues, quatre jours après la sortie simultanée des deux jeux ultérieurs en juillet 2014, plus de 1,3 million d'exemplaires avaient été vendus. Comme avec de nombreux *media mixes*, on considère généralement la diffusion de l'*anime* de *Yo-kai Watch* comme le moment où *Yo-kai Watch* est devenu un succès phénoménal. Pourtant, la montre et ses médaillons ont autant compté que l'*anime* dans la mode Yo-kai[9].

Yo-kai Watch n'a pas été un succès comme un autre ; ce genre de réussite s'observe une fois par décennie, et il n'est pas sans rappeler *Pokémon* avant lui. Il ne s'en est distingué qu'en termes d'intensité et par sa brièveté (à l'heure où nous écrivons, en 2017, il a commencé un lent déclin). Au cours de son règne, tout produit en rapport avec lui se retrouvait parmi les meilleures ventes. Si l'on observe la liste des jouets les plus vendus en 2014 et 2015, on peut comprendre pourquoi. En 2014, les produits Yokai occupent trois des cinq premières places et sept des dix meilleures ventes dans la catégorie « Général/Garçons[10] » ; en 2015, les produits Yo-kai occupent quatre des cinq premières places et six des dix premières dans la catégorie « Général/Garçons[11] ». C'est dans cette passion frénétique

[9] Shinjitsu Ichirō note également que *Corocoro Comics* a sensiblement augmenté ses tirages au cours du phénomène Yo-kai. Alors qu'il se vendait généralement 600 000 exemplaires par mois, il a passé la barre des 1,3 million d'exemplaires vendus les mois où des médaillons étaient offerts avec le magazine. Même après ce record, ses tirages se sont stabilisés à 1 million d'exemplaires par mois (Uno *et al.*, 2015, p. 181).

[10] D'après « Omocha jōhō net », http://www.toynes.jp/ranking2014/ (Consulté le 29 mai 2017).

[11] D'après « Omocha jōhō net » 2015, http://www.toynes.jp/ranking2015/ (Consulté le 29 mai 2017).

pour ces produits que nous en arrivons au lancement de la Yo-kai Watch Zero Edition, le second modèle de la montre physique que l'on retrouve à la fois présentée, parodiée et mobilisée dans l'épisode 27 de l'*anime*, sur lequel je me penche dans la section suivante.

Attrapez la montre !

Au début de l'épisode 27, nous retrouvons le personnage principal occupé à regarder une version parodique des fameux lancements en grande pompe du tout dernier iPhone par un homme en jean et col roulé noir – Steve Jobs, évidemment. En entendant un cri provenant du haut de l'escalier, le personnage jette un œil dans sa chambre où Whisper – le *yokai* qui vit avec Keita (Nathan, dans la version française) et guide le garçon dans le monde des *yokai* – suit le lancement d'un produit semblable dans le monde des *yokai*. Steve Jaws, un *yokai* en forme de requin en jean et col roulé noir, y fait l'annonce du lancement d'un tout nouveau produit, la « Yo-kai Watch Modèle Zéro », attendue avec encore plus d'enthousiasme et d'impatience. Un produit « ancien mais nouveau, nouveau mais ancien » qui détient un secret, la même Yo-kai Watch que celle dont le grand-père de Keita avait inventé un prototype. Sa date de sortie ? « Maintenant ! », s'écrie Steve Jaws. Whisper entraîne aussitôt Keita dans le monde des *yokai* où ces derniers se préparent déjà par milliers à la sortie de la montre ; les compatriotes de Whisper lui reprochent d'arriver en retard. L'épisode est à la fois une parodie virulente du consumérisme d'Apple et de Yo-kai et une consigne : préparez-vous au lancement imminent de la montre physique Yo-kai Watch Modèle Zéro.

La description que fait Jonathan Gray (2010) des *Simpson* dans *Show Sold Separately* exprime avec pertinence comment les tendances parodique et consumériste coexistent dans l'épisode qui nous occupe. Gray remarque comment, au niveau paratextuel, *Les Simpson* fonctionne dans le cadre du paradigme du consumérisme, tout en étant « l'un des seuls programmes télévisés commerciaux aux États-Unis à avoir régulièrement attaqué le consumérisme et le capitalisme américains » (Gray, 2010, p. 14). Ce dessin animé, ajoute-t-il, « est profondément conflictuel, complexe et contradictoire à l'égard de la publicité, du consumérisme et du capitalisme » (Gray, 2010, p. 15). À première vue, l'*anime Yo-kai Watch* semble répondre à cette description de contenu conflictuel, qui attaque le consumérisme d'un côté pour l'encourager de façon ambigüe de l'autre.

Pourtant, si l'*anime Yo-kai Watch*, en surface, semble contradictoire, il renforce efficacement le consumérisme tout en le parodiant ; ce dernier est en apparence moqué, mais cela se fait toujours au service d'une mobilisation en vue de consommer davantage. La parodie du lancement de produit est réelle, de même que le sérieux avec lequel la montre est dévoilée, ou encore l'invitation à se préparer pour la date de lancement. En effet, il y a un changement de ton et de style d'animation : on passe du début de l'épisode avec sa configuration parodique au dévoilement du produit lui-même, au cours duquel Steve Jaws décrit la Yo-kai Watch Modèle Zéro sur un ton solennel. Une présentation de la nouvelle montre avec un double écran, dans l'esprit d'une présentation PowerPoint, vient compléter la séquence. Le style de l'animation passe ici du personnage dessiné Steve Jaws à une séquence didactique de lancement de produit. L'*anime* montre au public que la nouvelle montre aura des fonctions totalement inédites et qu'elle ne sera pas rétro-compatible avec l'ancien modèle et les centaines de médaillons qu'enfants et adultes ont accumulés jusque-là pour aller avec celui-ci.

Il suffit de se reporter à la chronologie de la diffusion pour confirmer qu'il ne s'agit pas d'une parodie, mais plutôt d'une anticipation des événements à venir. L'épisode de l'*anime* a été diffusé au Japon le 18 juillet 2014 ; la montre a été lancée le 2 août 2014, soit deux semaines plus tard. D'ailleurs, les plus mordus avaient eu droit à un avant-goût de la montre encore plus tôt, à l'occasion de la sortie simultanée, le 10 juillet, de deux suites au jeu original *Yo-kai Watch* : *Yo-kai Watch 2 : Ganso* (*Esprits farceurs*) and *Yo-kai Watch 2 : Honke* (*Fantômes bouffis*). Tous deux présentent en partie un récit et un *gameplay* impliquant le modèle précédent de la montre, qui permettait à son utilisateur de découvrir des anciennes sortes de *yokai*. Dans le jeu, Whisper donne à Keita une nouvelle sorte de Yo-kai Watch – la version bleue et rouge qui sera commercialisée le mois suivant.

La sortie différée de la montre fait de l'épisode non pas une parodie, mais un moyen de préparer le terrain à ce qui va arriver. Le jeu, dans un premier temps, puis l'*anime* s'inscrivent alors dans le conditionnement préemptif des parents et enfants pour les amener à anticiper les queues qu'ils formeront devant les caisses des magasins quand ils viendront acheter la toute nouvelle Yo-kai Watch. Au début de ce chapitre, j'ai cité Fuwa Raizō (2014) qui suggère que l'*anime* à la télévision fonctionne « comme un tutoriel simplissime du jeu ». L'épisode 27 est également un tutoriel, qui enseigne cette fois-ci aux spectateurs – en particulier aux parents et autres responsables des enfants – que la sortie de la nouvelle montre est imminente et qu'ils feraient mieux de faire comme les *yokai* dans l'épisode et se préparer à s'en procurer une. Rappelant la frénésie autour de la vente de la première montre et de ses médaillons plus tôt la même année, ainsi que celle qui accompagne le lancement de chaque nouvelle version de l'iPhone d'Apple, l'*anime Yo-kai Watch* anticipe les foules qui devraient se masser dans les magasins pour accueillir la montre Modèle Zéro deux semaines après la date de diffusion de l'*anime*[12]. L'épisode de l'*anime* combine astucieusement la prédiction et la préemption pour mobiliser les désirs et les individus de façon à faire du lancement du Modèle Zéro l'événement qu'il va devenir. Comme l'observe le critique culturel Uno Tsunehiro dans certains commentaires sur le côté outré de l'épisode, « étant donné que le programme a été diffusé juste avant la commercialisation de la Yo-kai Watch Type-Zero, il disait principalement aux spectateurs, "le Modèle Zéro est comme l'iPhone, il vaut mieux foncer en acheter une" » (Uno *et al.*, 2015, p. 181). Le programme à la fois informait les enfants sur la nouvelle montre et préparait ces derniers ainsi que leurs parents à aller faire la queue, sous peine d'arriver trop tard comme lors du lancement du modèle précédent.

Ainsi, la mobilisation dans *Yo-Kai Watch* fonctionne selon la même logique préventive que celle que Brian Massumi voit opérer dans les régimes Bush et Obama avec leurs interventions militaires partout sur la planète, ou encore s'étendre à tous les aspects de la vie sous le néolibéralisme. Massumi écrit : « Avec la suprématie de l'économie néolibérale, le fait de remettre à plus tard est de moins en moins possible, et l'action préventive de plus en plus un impératif. L'économie tend ainsi plus à *faire agir* via l'affectif qu'à *faire réfléchir* efficacement » (2014, p. 13). Préparer le terrain au sens de Massumi (2014, p. 29-31) devient le mode de pouvoir qui fait passer l'action préventive à la vitesse supérieure, qui fait agir ou – pour reprendre un terme employé dans ce chapitre – qui mobilise. Le fait de préparer le terrain est une « forme de conditionnement, qui module le comportement en implantant des présuppositions et en activant des tendances dans une situation de découverte » (Massumi 2014, p. 29). Dans une situation où parents et enfants ont connu une longue période de pénurie des produits *Yo-kai Watch*, l'épisode 27 les a préparés à de nouvelles ruptures de stock et les a mobilisés pour qu'ils attendent

[12] Les plateformes de médias sociaux comme YouTube et Twitter ont été inondées d'images de parents et grands-parents qui campaient devant les magasins ou faisaient la queue plusieurs heures avant la sortie du produit.

patiemment dans les files d'attente lors du lancement du Modèle Zéro. Le message des créateurs de l'*anime* et des sponsors du programme est le suivant : si vous ne vous faites pas la queue au lancement de la montre, vous serez bons pour attendre longtemps et vous ruer sur eBay, comme la dernière fois. Les parents et grands-parents, préparés à la fois par les pénuries précédentes et par l'avertissement de l'*anime*, sont sagement partis se mettre en rang devant les magasins, parfois même de nuit.

La préparation du terrain via l'*anime* est un élément de mobilisation sociale totale du *media mix*. Le dessin animé a été à la fois une bande-annonce de l'événement imminent et un guide sur la façon d'agir (préventivement) ; c'est une prédiction d'un événement futur via la remémoration d'un événement passé et un manuel d'instruction sur la marche à suivre. La mobilisation totale en a été le résultat. En effet, la proximité entre le *media mix* et la mobilisation totale en temps de guerre est sous-entendue, dans le dessin animé, par les scènes mêmes de consommation qu'on nous y montre. Des queues de cette ampleur sont, après tout, un phénomène rare dans les cultures de consommation de masse. On les associe bien davantage à des périodes d'intense pénurie – de pays en guerre ou connaissant des pénuries de denrées liées à une instabilité économique massive et à une dévaluation de leur monnaie. Un tel afflux dans les magasins et la mobilisation sociale sont des symptômes de crise sociale. Dans le Japon contemporain, elles sont les symptômes de crises sociales pour lesquelles les *media mixes* du type *Yo-kai Watch* semblent être des remèdes. La crise, dans ce cas, est le marasme économique permanent, les taux de natalité à la baisse, etc., – ce qui entraîne des pressions sans équivalent sur des enfants de moins en moins nombreux qui doivent consommer toujours plus et enrôler leurs parents et grands-parents pour qu'ils les aident à atteindre cet objectif. Alimentant elles-mêmes le succès, les images des queues et des pancartes de rupture de stock ont pu en premier lieu entretenir l'attention des médias autour de la franchise Yo-kai et ont sans doute été un facteur de ses succès en cascade.

À ce titre, l'histoire de *Yo-kai Watch* est unique en termes d'impact et de visibilité, mais elle est aussi ordinaire et symptomatique dans la régularité du cycle de consommation qu'il suppose. Bandai, le fabricant de jeux en charge des montres et médaillons, est aussi la société derrière les nouveaux articles produits chaque année pour la série *Kamen Rider*[13], qui

[13] *Kamen Rider* est à l'origine une série en prise de vues réelles et riche en effets spéciaux (genre à part entière, connu au Japon sous le nom de *tokusatsu*). Depuis les années 1970, elle a eu de nombreuses déclinaisons, également sous la forme de séries

connaît le succès depuis plusieurs décennies, en proposant un nouveau *reboot* par an et en suscitant ainsi de nouveaux cycles d'achat. Les jeunes consommateurs de *Kamen Rider* ont profondément intégré dans leur vie les cycles de nouveauté et d'obsolescence, ces séries les poussant à s'adapter aux cycles du techno-capitalisme, au lancement annuel ou biannuel, apparemment inévitable, des nouveaux produits de l'industrie de l'électronique. Les références à Steve Jobs et à Apple pointent dans la même direction : il n'y a pas tant de différences que ça entre le lancement d'un produit technologique dernier cri et la dernière Yo-kai Watch. En effet, la montre habitue les enfants aux principes mêmes du monde de la technologie : celle-ci n'est pas rétro-compatible et elle repose sur le principe de la non-interopérabilité des écosystèmes des plateformes fermées d'aujourd'hui. L'événement autour de la Yo-kai Watch consiste à rendre ces cycles particulièrement visibles, et prend ainsi part à la narration de la série de façon parfaitement assumée. Sa rareté perpétuelle vise à mobiliser de façon extrêmement manifeste, mais cette mobilisation totale tend elle-même à se normaliser.

Parier sur les fantômes

Jusqu'à présent, j'ai présenté la mobilisation totale des individus et des objets autour de *Yo-kai Watch* principalement sous l'angle de l'*anime* et de l'objet montre. Il reste cependant un élément du *media mix* qui mérite d'être signalé, notamment en rapport avec la manière dont les créateurs du produit imaginent l'enfant en tant que consommateur au sein d'un environnement médiatique total. Dans le cas de *Yo-kai Watch*, on est frappé par les parallèles entre le jeu et l'*anime* d'un côté, et la vraie vie de l'autre. Les effets matériels des *media mixes* ont été repérés depuis un moment : depuis les années 1970, la production de jouets a [par exemple] travaillé main dans la main avec la production d'animations (et, en particulier, la conception de personnages[14]). Dans ce contexte,

d'animation. On pourra se reporter à l'entrée *Wikipédia* concernant la franchise : https://fr.wikipedia.org/wiki/Kamen_Rider.

14 Ōkawara Kunio (2015), concepteur de personnages et de robots pour les *anime*, rend compte de façon passionnante et du point de vue d'un *insider* de cette coordination étroite entre producteurs de jouets et sociétés de production d'animation – et leurs concepteurs de robots en particulier – pour les *anime* produits à partir des années 1970. Voir également l'analyse instructive de Leon Gurevich (2012) à propos de cette convergence dans le cas de *Toy Story*.

Yo-kai Watch se démarque cependant par sa façon d'intégrer des éléments du jeu et hors du jeu par le biais d'objets matériels. L'objet charnière entre les deux est la montre d'un côté, et le distributeur de capsules de l'autre.

Le distributeur de capsules est un élément essentiel de l'histoire dans le jeu et dans l'*anime*. Dans le jeu, on peut régulièrement retourner au distributeur pour obtenir plus de médaillons et de points. En dehors du monde ludique, les enfants qui jouent peuvent trouver de vrais distributeurs de capsules, installés dans des magasins de jouets et des grands magasins pour collecter des médaillons. Les médaillons physiques ne servent pas que pour les montres, ils contribuent également à gagner des points au sein du jeu sur 3DS. Si les médaillons peuvent s'acheter par paquets de deux, un des principaux moyens pour s'en procurer est peut-être, justement, le distributeur de capsules, qui n'est autre qu'une machine où l'on met des pièces et dont on tourne la poignée pour en faire sortir une boule. Celle-ci peut contenir n'importe quels médaillons, à commencer par ceux des *yokai* communs que l'on pourra convertir en points dans le jeu et utiliser pour des parties sur les propres distributeurs du jeu. Elle peut aussi contenir un nouveau *yokai* que l'on pourra intégrer au jeu (les deux possibilités constituent une sorte de mise en abîme ou de transition entre l'espace réel de la vie quotidienne et l'espace ludique) ; les contenus des capsules sont plus ou moins rares. Ainsi, les distributeurs de capsules étendent l'espace du jeu animé jusque dans celui de la vie quotidienne, et mobilisent les enfants et les joueurs de *Yo-kai Watch* pour qu'ils se rendent dans des centres commerciaux et d'autres lieux pour trouver les distributeurs. Comme pour de nombreux aspects de la franchise *Yo-kai Watch*, cette forme de mobilisation par le biais d'objets matériels n'est pas nécessairement nouvelle, mais les circuits et les objets matériels le sont, tout comme leur relation avec le jeu vidéo. À la différence d'autres franchises, les objets ne sont pas complémentaires de l'expérience du dessin animé, mais font partie intégrante du *gameplay*. Ils constituent une méthode hors du jeu pour gagner des crédits dans le jeu – *de facto* une forme d'achat intégrée au jeu que l'on retrouve généralement dans les jeux freemium, à ceci près qu'elle a lieu ici hors du jeu. La fonction aléatoire des distributeurs de capsules – leur fonction « bandit manchot » – rappelle une étude anthropologique sur les machines de jeux de hasard et leur conception à Las Vegas menée par Natasha Dow Schüll (2014). Comme Schüll le détaille dans *Addiction by Design*, le design d'une machine à sous touche à tous les domaines, de l'architecture à l'interface, et suscite chez les joueurs le désir de retourner à la « zone », terme souvent employé dans la conception de jeux. En outre, les jeux de hasard impliquent des rythmes de mobilisation (le déplacement dans la ville, dans les espaces de jeu) et d'immobilité (rester assis face à l'interface de la machine) particuliers qui rappellent beaucoup la mobilisation des enfants du jeu *Yo-kai Watch* dans leurs allers et retours au distributeur de capsules. Le système *Yo-kai Watch* intègre une forme de jeu de hasard au sein du système de jeu, dans la mesure où la progression dans le jeu peut être favorisée par ce que l'on reçoit de façon aléatoire au distributeur de capsules, avec un lien étroit entre l'accumulation de médaillons dans le jeu et l'accumulation de médaillons en dehors du jeu via les distributeurs. Cette introduction du jeu de hasard dans le système du *media mix* est un aspect étonnant du *gameplay* de *Yo-kai Watch* et un élément déterminant de la mobilisation sociale dans et autour du jeu.

Conclusion

Il apparaît donc que la franchise *Yo-kai Watch* est devenue un lieu de mobilisation sociale totale tournée vers la consommation, sous la forme de la collection d'artefacts matériels et vidéoludiques. Les enfants, leurs parents et grands-parents ont tous été mobilisés vers cette finalité de consommation totale – même si tous n'ont pas pris un plaisir égal à collectionner. *Yo-kai Watch* était un *media mix* qui a littéralement fait courir ces trois générations après la franchise. Le *media mix* était unique – en termes d'échelle, d'intensité et de popularité, ainsi que par sa façon de combiner insidieusement jeu vidéo et jeu de hasard. Pourtant, il était aussi assez standard, son format suivant le chemin tracé par les *Pokémon* (des sociétés de production à l'enchaînement des lancements cross-médiatiques, en passant par le contenu lui-même). Il rendait aussi visible ce qui fait partie du côté ordinaire, cyclique, routinier de la mobilisation que l'on trouve chez tous les *media mixes* (Ōsuka, 2014), que ce soit à petite ou à grande échelle, en termes de volume et de portée.

Jünger, rappelons-le, décrit la mobilisation totale comme la « canalisation sans limite des énergies potentielles ». Kadokawa Haruki avait raison, dans une certaine mesure, lorsqu'il liait la production d'un mouvement social autour d'un *media mix* particulier au concept et au phénomène historique de mobilisation totale en temps de guerre. Cela étant, il convient d'ajouter que cette mobilisation ne survient pas seulement via la triade des images, du son et du texte. Elle survient aussi à travers des formes de conditionnement affectif qui associent le fonctionnement de la chaîne logistique, de la marchandise en quantité limitée, et des séquences d'explication dans le dessin animé, à la fois parodiques et destinées à préparer le terrain, ainsi qu'à travers un système de *media mix* où la collection d'objets aussi bien dans le jeu que dans le monde réel est centrale à l'expérience étendue du jeu. Au cœur de cette expérience, l'animation – à la fois celle du dessin animé et celle du jeu – y campe un rôle crucial.

Cette analogie implique aussi que les distributeurs, producteurs d'*anime* et fabricants des produits aient une image de l'enfant (et de sa famille) comme des personnes mobilisables pour consommer. La mobilisation totale, au sein du phénomène *Yo-kai*, renvoie aussi, dans ce cas, au modèle de l'enfant consommateur adopté par les producteurs de produits pour enfants. Comme nous l'avons vu, le modèle de l'enfant est celui d'un sujet manipulable qui peut littéralement être amené à ou mobilisé pour consommer. C'est un modèle idéal, bien entendu, et il ne marche que dans certains cas. *Yo-kai Watch*, dans le Japon d'aujourd'hui, est l'un de ces cas. Pourtant, force est de reconnaître que ce modèle ne fonctionne que rarement dans la réalité. Le succès de *Yo-kai Watch* est plutôt l'exception et non la règle, tandis que de nombreux *media mixes* ne parviennent tout simplement pas à accrocher le public. *Yo-kai Watch* a lui-même perdu en popularité, ce qui montre que le modèle de mobilisation ne résiste pas indéfiniment à l'épreuve du temps : le modèle ne fonctionne que tant que les enfants ne sont pas fatigués par cette mobilisation.

Une autre réserve par rapport à l'argument avancé ici se situe au niveau de l'ordre : la mobilisation totale autour de *Yo-kai Watch* dans les conditions d'un capitalisme avancé est significativement différente, dans ses modalités et dans sa force, de la mobilisation totale sous un régime fasciste. Mobiliser des gens dans des sociétés de consommation postfordistes se fait dans des conditions à la fois plus fluides, volontaires, émergentes et contingentes. Le succès de *Yo-kai Watch* a évidemment été une surprise pour ses propres créateurs et distributeurs, comme en attestent les ruptures de stock à répétition des produits. Tous les *media mixes* n'entrainent pas une mobilisation totale ; celle qui s'est faite autour de *Yo-kai Watch* est un cas extrême de la forme plus habituelle de mobilisation généralisée ou partielle qui survient autour de franchises de dessins animés, de jeux ou de bandes dessinées. Il n'y a là aucune comparaison avec les situations totalitaires où l'État fasciste et ses citoyens œuvraient durant la Seconde Guerre mondiale. Préparer le terrain pour un *media mix* s'opère par le biais d'un conditionnement, à travers des pressions sociales et des désirs élaborés collectivement au sens où ils sont *orientés* par la franchise *Yo-kai* sans qu'elle n'impose quoi que ce soit.

Les énergies sont canalisées, mais d'une façon qui diffère cependant de la mobilisation sous le fascisme. Les divers médias agissent d'une façon plus nuancée et ouverte que le portrait que j'en ai dressé ici. Les enfants consommateurs et leurs parents financeurs ont une plus grande capacité d'action que celle que je leur accorde ici ; et les marchés et entreprises à l'œuvre derrière le *media mix* ont moins de pouvoir que ne l'implique le cadre de la mobilisation totale. Pour un *Yo-kai Watch*, il y a des dizaines de *media mixes* qui échouent. Cela étant dit, la mobilisation totale fournit tout de même un cadre efficace pour comprendre certains des effets du *media mix Yo-kai*, ses performances exceptionnelles. La mobilisation met en lumière la savante construction de l'écologie du divertissement optimisée et ses pratiques conjointes de collection – c'est là que réside l'utilité de cette approche et sa capacité d'adaptation, non sans quelques réserves, aux conditions médiatiques actuelles.

Si, comme l'a remarqué Kadokawa, « l'essence du nazisme d'Hitler est la transposition du nationalisme en une esthétique », avec *Yo-kai Watch* nous sommes face à la transposition non pas d'un thème – qu'il s'agisse du nationalisme ou autre – mais d'une tendance ou d'une pratique : la collection. Le *media mix* conditionne les utilisateurs à éprouver le désir et le besoin de collectionner et déplace cette pratique entre les mondes du jeu et les mondes des objets, en reflétant des objets du monde réel au sein du monde du jeu et en produisant des objets du monde du jeu dans le monde matériel. Les objets matériels et leur mobilisation sont le fondement de la mobilisation sociale qui s'ensuit. À une époque où la mise en mouvement des choses, contrôlée par la logistique, à travers les espaces de production et à destination des lieux de consommation, est de plus en plus optimisée, il est peut-être pertinent de considérer également, comme je l'ai fait ici, la mise en mouvement et la mobilisation des individus en tant que composantes du cycle étendu de la production et de la consommation[15]. Dans un Japon en récession, alors que la production est délocalisée vers d'autres régions d'Asie et que le taux de natalité en baisse accroît encore plus la pression sur les enfants pour que ceux-ci prennent le relais de la consommation, *Yo-kai Watch* apparaît comme la

[15] Même si son projet est d'une autre nature, le travail de Kay Dickinson (2016, p. 119-162) sur la relation entre logistique et production de films dans le contexte de Dubaï offre un modèle pour penser les relations tentaculaires et contiguës entre logistique, fabrication d'images et distribution.

combinaison parfaite et le terrain d'entraînement idéal, où les enfants vont pouvoir être mobilisés selon les rythmes de consommation qui gouvernent le monde techno-capitaliste, des Yo-kai Watches aux Apple Watches.

Remerciements

L'auteur souhaite remercier Esther Leslie et Joel McKim pour avoir inclus une version antérieure de ce chapitre dans le numéro spécial sur « Life Remade: Critical Animation in the Digital Age » de la revue *Animation: An Interdisciplinary Journal*. Il souhaite également remercier tout particulièrement Gilles Brougère et Ōtsuka Eiji, dont les invitations à venir parler dans leurs groupes de recherche et conférences respectifs ont permis à ce texte de voir le jour.

Bibliographie

Allison, A. (2006), *Millennial Monsters: Japanese Toys and the Global Imagination*, Berkeley, University of California Press.

Beller, J. (2006), *The Cinematic Mode of Production: Attention Economy and the Society of the Spectacle*, Hanovre, Dartmouth College Press.

Brougère, G. (2003), *Jouets et compagnie*, Paris, Stock.

Consalvo, M. (2016), *Atari to Zelda: Japan's Videogames in Global Contexts*, Cambridge, MIT.

Cowen, D. (2014), *The Deadly Life of Logistics: Mapping Violence in Global Trade*, Minneapolis, University of Minnesota Press.

Dickinson, K. (2016), *Arab Cinema Travels: Transnational Syria, Palestine, Dubai and Beyond*, Londres, British Film Institute.

Dyer-Witheford, N. & De Peuter, G. (2009), *Games of Empire: Global Capitalism and Video Games*, Minneapolis, University of Minnesota Press.

Fushimachi, Y. (2014), 「東京駅一番街に期間限定オープンした「妖怪ウォッチ　発見！妖怪タウン」、開催から2日で営業休止に」 [La boutique éphémère « Yo-kai Watch découverte ! Yo-kai Watch neutralisée » à la gare de Tokyo dans le quartier d'Ichiban ferme deux jours après son ouverture (17 mars 2014)], http://www.inside-games.jp/article/2014/03/17/75214.html.

Fuwa, R. (2014), « Kodomo-tachi ga *Youkai wacchi* wo ukeireta riyū (jō) » [Pourquoilesenfantsontaccepté Yo-kai Watch (premiervolet)], 10 août 2014, http://bylines.news.yahoo.co.jp/fuwaraizo/20140810-00038131/.

Gray, J. (2010), *Show Sold Separately*, New York, New York University Press.

Gurevitch, L. (2012), « Computer Generated Animation as Product Design Engineered Culture, or Buzz Lightyear to the Sales Floor, to the Checkout and Beyond! », *Animation*, vol. 7, n° 2, p. 131-149.

Hartzheim, B. (2016), « Pretty Cure and the Magical Girl Media Mix », *The Journal of Popular Culture*, vol. 49, n° 5, p. 1059-1085.

Hemmann, K. (2015), « Queering the media mix: The female gaze in Japanese fan comics », *Transformative Works and Cultures*, n° 20, http://dx.doi.org/10.3983/twc.2015.0628.

Higuchi, N. (2004), *'Suna no utsuwa' to 'Nihon chinbotsu': 70 nendai nihon no chôdaisaku eiga* [Castle of Sand and Japan Sinks: Japanese blockbuster movies of the 70s], Tokyo, Chikuma shobo.

Ito, M. (2008), « Mobilizing the Imagination in Everyday Play: The Case of Japanese Media Mixes », in S. Livingstone & K. Drotner (dir.), *International Handbook of Children, Media, and Culture*, Londres, Sage.

Johnson, D. (2013), *Media Franchising: Creative License and Collaboration in the Culture Industries*, New York, NYU Press.

Jünger, E. (1990), « La mobilisation totale », in Ernst Jünger, *L'état universel* suivi de *la mobilisation totale*, Paris, Gallimard, p. 97-141.

Kadokawa, H. (1977), « Wa ga tôsô: "Gensô" wo uru furonteia bijinesu » [My Struggle: The Frontier Business of Selling 'Fantasy'] in *Purejidento*, octobre, p. 80-93.

Kaes, A. (1993), « The Cold Gaze: Notes on Mobilization and Modernity », *New German Critique*, n° 59, p. 105-117.

Kline, S. (1993), *Out of the Garden: Toys and Children's Culture in the Age of TV Marketing*, Londres, Verso.

Lamarre, T. (2006), « Otaku Movement », in T. Yoda & H. Harootunian (dir.), *Japan After Japan: Social and Cultural Life from the Recessionary 1990s to the Present*, Durham, Duke University Press.

Lamarre, T. (2009), *The Anime Machine: A Media Theory of Animation*, Minneapolis, University of Minnesota Press.

Lamarre, T. (2015), « Regional TV: Affective Media Geographies », in *Asiascape: Digital Asia* 2, p. 93-126.

LeCavalier, J. (2016), *The Rule of Logistics: Walmart and the Architecture of Fulfillment*, Minneapolis, University of Minnesota Press.

Massumi, B. (2014), *The Power at the End of the Economy*, Durham, Duke University Press.

McCarthy, A. (2001), *Ambient Television*, Durham, Duke University Press.

Moran, A. avec Malbon, J. (2006), *Understanding the Global TV Format*, Bristol, Intellect Books.

Moulier Boutang, Y. (2007), *Le capitalisme cognitif : La nouvelle grande transformation*, Paris, Amsterdam.

Negri, A. (2005), *The Politics of Subversion: A Manifesto for the Twenty-First Century*, Cambridge, Polity Press.

Nogami, A. (2015), *Kodomo bunka no gendai-shi* [A Contemporary History of Children's Culture], Tokyo, Otsuki.

Ōkawara, K. (2015), *Mekanikku dezainā no shigotoron* [On the Work of the Mechanical Designe], Tokyo, Kobunsha.

Ōtsuka, E. (2014), *Media mikkusu ka suru Nihon* [Media Mixing Japan], Tokyo, East Press.

Sakaguchi, Y. (1982), « Kadokawa Haruki: Shuppankai no nyû hiirô ka » [Kadokawa Hiroki : Le nouvel héros du monde de l'édition ?], *Gendai no me* (mai), p. 202-205.

Santo, A. (2015), *Selling the Silver Bullet: The Lone Ranger and Transmedia Brand Licensing*, Austin, University of Texas Press.

Schneider, C. (1987), *Children's Television: The Art, the Business, and How it Works*, Lincolnwood, NTC Business Books.

Schüll, N. D. (2014), *Addiction by Design*, Princeton, Princeton University Press.

Seiter, E. (1995), *Sold Separately: Parents and Children in Consumer Culture*, New Brunswick, Rutgers University Press.

Steinberg, M. (2012), *Anime's Media Mix: Franchising Characters and Toys in Japan*, Minneapolis, University of Minnesota Press.

Steinberg, M. (2015), *Naze Nihon wa 'media mikkusu suru kuni' nanoka* [Why is Japan a « Media Mixing Nation »?], Tokyo, Kadokawa.

Uno, T., Ishioka, Y. & Shinjitsu, I. (2015), « *Yōkai Watch* », *Bunka jihyō ākaibusu 2014-15* [Archives de critiques culturelles, 2014-15] Tokyo, p. 180-185.

Wyatt, J. (1994), *High Concept: Movies and Marketing in Hollywood*, Austin, University of Texas Press.

Yamakawa, H. (1964), « "Bangumi" to "komāsharu" no *aidagara*: Nihon demo "pātishipeeshon" ga hajimaru » [La relation entre « programme » et « publicité » : la « participation » commence aussi au Japon], *Senden Kaigi* (août), p. 50-54.

Zahlten, A. (2017), *The End of Japanese Cinema: Industrial Genres, National Times, and Media Ecologies, 1960s-2000s*, Durham, Duke University Press.

Présentation des auteurs

Gilles Brougère est professeur de sciences de l'éducation à l'université Paris 13-Sorbonne Paris Cité, membre de l'unité de recherche Experice. Ses travaux portent sur le jeu, en particulier dans ses rapports à l'éducation et l'apprentissage, l'éducation préscolaire, la culture matérielle enfantine de masse. Il a récemment dirigé avec Antoine Dauphragne l'ouvrage *Les biens de l'enfant. Du monde marchand à l'espace familial* (Nouveau Monde éditions, 2017).

Éric Dagiral est maître de conférences en sociologie à l'université Paris Descartes et chercheur au CERLIS. Ses travaux portent sur la conception et les usages des technologies numériques, et s'intéressent tout particulièrement aux rôles qu'elles jouent dans les transformations du lien social. Avec Olivier Martin, il a récemment coordonné le numéro thématique *Liens sociaux numériques* de la revue *Sociologie* (PUF, 2017) ainsi que l'ouvrage *L'ordinaire d'internet* (Armand Colin, 2016). Avec Jean-Samuel Beuscart et Sylvain Parasie, il a également publié un manuel consacré à la *Sociologie d'internet* (Armand Colin, 2016).

Sébastien François est docteur en sociologie et agrégé de sciences économiques et sociales. Il a été chercheur postdoctorant à Experice et au LabEx ICCA pour le projet de recherche « Conception des produits culturels pour enfants » (CoCirPE), dont est issu cet ouvrage. Ses travaux portent sur les pratiques culturelles des jeunes, en particulier numériques, les industries culturelles médiatiques (dessin animé, applications mobiles, etc.) et les cultures fans.

Pascale Garnier est sociologue, professeure en sciences de l'éducation et directrice de l'unité de recherche Experice à l'université Paris 13-Sorbonne Paris Cité. Ses recherches portent sur la sociologie des enfants, la petite enfance, les pratiques professionnelles et les politiques dans le domaine de l'éducation. Elle a publié récemment *Sociologie de l'école maternelle* (PUF, 2016) et dirigé avec Sylvie Rayna *Recherches avec les jeunes enfants : perspectives internationales* (Peter Lang, 2017).

Nathalie Roucous est maître de conférences de sciences de l'éducation et membre de l'unité de recherche Experice à l'université Paris 13-Sorbonne Paris Cité. Ses recherches portent sur la place sociale des enfants à partir de la question du loisir et du jeu dans les institutions pour enfants et dans le milieu familial, avec une focalisation sur les pratiques ludiques et les objets de la culture enfantine étudiés prioritairement du point de vue des enfants.

Véronique Soulé est bibliothécaire formatrice en littérature de jeunesse, et associée à l'unité de recherche Experice à l'université Paris 13-Sorbonne Paris Cité. Ses travaux portent sur l'édition jeunesse, en particulier sur ses différentes formes de médiation et de réception.

Marc Steinberg est professeur en études cinématographiques à l'Université Concordia à Montréal. Ses travaux portent sur l'art et l'industrie de l'animation japonaise, les nouvelles plateformes de distribution des médias et les théories des médias en Japon. Il a publié *Anime's Media Mix: Franchising Toys and Characters in Japan* (University of Minnesota Press, 2012) et dirige avec Alexander Zahlten la collection « Media Theory in Japan » (Duke University Press, 2017).

Laurent Tessier est maître de conférences à la Faculté d'Éducation de l'Institut catholique de Paris (ICP) et membre de l'unité de recherche Religion, culture et société (RCS). Ses travaux portent sur les différents paradigmes de l'éducation au numérique, dans et hors des institutions éducatives. Il a notamment dirigé avec Michael Bourgatte et Mikael Ferloni *Quelles humanités numériques pour l'éducation ?* (éditions MKF, 2016), ouvrage associant chercheurs, enseignants et designers d'applications numériques éducatives.

ICCA

INDUSTRIES CULTURELLES, CRÉATION, NUMÉRIQUE

Titres parus dans la collection

Vol. 4 – Gilles Brougère et Sébastien François (dir.), *L'enfance en conception(s). Comment les industries culturelles s'adressent-elles aux enfants ?*, 2018.

Vol. 3 – Emmanuelle Savignac, Yanita Andonova, Pierre Lénel, Anne Monjaret, Aude Seurrat (dir.), *Le travail de la gamification. Enjeux, modalités et rhétoriques de la translation du jeu au travail*, 2017.

Vol. 2 – Sophie Noël, Aurélie Pinto, Olivier Alexandre (dir.), *Culture et (in)dépendance. Les enjeux de l'indépendance dans les industries culturelles*, 2017.

Vol. 1 – Laurent Creton et Kira Kitsopanidou (dir.), *Crowdfunding, industries culturelles et démarche participative. De nouveaux financements pour la création*, 2016.

www.peterlang.com